FÉRIAS
SEM FIM

Trabalhe de Qualquer Lugar, Saia de Férias Quando Quiser e Conquiste Sua Liberdade Financeira

BRUNO PICININI

Diretora
Rosely Boschini

Gerente Editorial
Carolina Rocha

Assistente Editorial
Juliana Cury Rodrigues

Controle de Produção
Karina Groschitz

Preparação
Luciane Gomide

Projeto Gráfico e Diagramação
Sergio Rossi

Revisão
Adriana Cristina Bairrada

Capa
Bússola: Sergio Rossi
Homem trabalhando: Joe Rutledge

Imagem de Capa
Sergio Rossi

Impressão
Rettec Gráfica

Copyright © 2016 by Bruno Picinini
Todos os direitos desta edição são reservados à Editora Gente.
Rua Pedro Soares de Almeida, 114,
São Paulo, SP – CEP 05029-030
Telefone: (11) 3670-2500
Site: www.editoragente.com.br
E-mail: gente@editoragente.com.br

Dados Internacionais de Catalogação na Publicação (CIP)
Andreia de Almeida CRB-8/7889

Picinini, Bruno

Férias sem fim: trabalhe de qualquer lugar, saia de férias quando quiser e conquiste sua liberdade financeira / Bruno Picinini. – São Paulo : Editora Gente, 2017.
224 p.

ISBN: 978-85-452-0143-4

1. Empreendedorismo 2. Empresas virtuais 3. Sucesso nos negócios 4. Comércio eletrônico I. Título

17-0084   CDD 650.1

Índice para catálogo sistemático:
1. Negócios

A todos aqueles que podem mais.

AGRADECIMENTOS

Agradeço aos meus pais e ao meu irmão por todo apoio e suporte. Sem eles nunca teria chegado até aqui.

À todos meus amigos pelo companheirismo. Vocês são a minha família por escolha.

E à minha eterna companheira, Andrea. Você é a paixão e a inspiração da minha vida.

SUMÁRIO

09 – Introdução
    10 – Como viver como um milionário mesmo sem ter sequer R$ 10.000 na sua conta bancária

17 – Seção 1: Definição
    18 – Milhares acreditaram nisso - e agora sofrem as consequências
    23 – Uma maneira garantida de viver uma vida miserável - e como evitá-la
    26 – A falsa segurança e o custo escondido do conforto de um salário fixo
    29 – Se você pretende ser preso, recomendo que faça uma faculdade
    36 – A verdade assustadora sobre a sua aposentadoria (Aviso: ela talvez seja cancelada)
    40 – Se você quiser se tornar um milionário, então nunca faça isso, em hipótese alguma!

47 – Seção 2: Solução
    48 – O segredo dos Verdadeiros Ricos
    50 – O que os Verdadeiros Ricos sabem que a maioria não sabe
    57 – Uma pergunta de 7 palavras que pode mudar a sua vida
    60 – O objetivo é ser livre, o resto é pura diversão
    64 – Os 3 pilares dos Verdadeiros Ricos
    72 – Como conhecer 48 países sem parar de trabalhar ou ter que pedir férias no trabalho
    77 – Como tornar-se um Verdadeiro Rico seguindo um passo a passo comprovado

79 – Seção 3: Execução
    80 – Como ganhar de R$ 3 a 20 mil em 90 dias
    82 – O veículo de renda preferido dos Verdadeiros Ricos
    85 – A nova economia: o verdadeiro segredo de por que surgem 19 novos milionários por dia no Brasil
    88 – O seu tíquete para a liberdade: um Negócio Lifestyle

90 – O que é e como criar um Negócio Lifestyle
94 – 1º fundamento: mercado
103 – 2º fundamento: marketing
115 – 3º fundamento: mídia
123 – 4º fundamento: mercadoria
131 – Como ganhar até R$ 10.000 por mês mesmo que você se considere um "analfabeto digital"
133 – Como tirar as ideias do papel

135 – Seção 4: Produção

136 – Como ter o dobro de resultados trabalhando a metade do tempo
138 – Como lidar e eliminar o excesso de informação de uma vez por todas!
142 – Uma maneira simples de estabelecer suas prioridades na vida
148 – Como tornar-se um ninja da concentração e acabar com as interrupções para sempre
154 – Como garantir que todas as tarefas sejam feitas sem que você mesmo tenha de fazê-las
165 – É realmente possível "ganhar dinheiro dormindo"?
168 – Adote a filosofia Férias Sem Fim
172 - Ignore isso e você trabalhará mais para ganhar menos

177 – Seção 5: Liberação

178 – Como ter suas Férias Sem Fim em menos de 6 meses
182 – Como conquistar sua liberdade no menor tempo possível
192 – Como descobrir e definir seus verdadeiros objetivos com um exercício prático de 7 minutos
204 – Rumo às suas Férias Sem Fim!

207 – Seção 6: Realização

208 – A maior causa de fracasso – e como evitá-la
211 – A única coisa que poderá impedir você de ter toda fortuna, felicidade e saúde que quiser
215 – Um método à prova de falhas para garantir o sucesso do seu futuro
219 – Desses 3 caminhos, somente um dará resultados. Você escolherá o certo?

INTRODUÇÃO

Como Viver Como Um Milionário Mesmo Sem Ter Sequer R$ 10.000 Na Sua Conta Bancária

> "A melhor maneira de prever o futuro é inventá-lo."
> — Peter Drucker

1 minuto e 18 segundos...

Foi o tempo que fiquei a 19 metros de profundidade embaixo da água em uma ilha chamada Koh Tao, na Tailândia. Em outras palavras: uma bela maneira de começar o dia.

A distância máxima que consegui foi 19 metros. Estava praticando um esporte chamado *free diving*. A ideia? Mergulhar o mais profundo possível sem o auxílio de tanques de oxigênio. Somente segurando a respiração. Em apneia, ou seja, controlando o fôlego durante todo o percurso.

Perigoso? Talvez.

Gratificante? Muito.

É uma experiência assustadora... mas ao mesmo tempo libertadora.

A sensação de alívio de conseguir respirar novamente ao voltar à superfície é incrível. Tão incrível quanto a resposta para uma pergunta que me fiz várias vezes enquanto viajava um ano inteiro pelo sudeste da Ásia:

"O que eu estaria fazendo hoje se não tivesse largado meu emprego há pouco mais de um ano?"

Muito provavelmente àquela hora, às 9 da manhã, estaria no trabalho ou no trânsito. Ou talvez já tomando meu café para começar mais um dia como todos os outros – estresse, pouca qualidade de vida e zero de liberdade em minhas escolhas.

Entre isso e ficar mais de um minuto embaixo da água sem respirar... bem... eu prefiro o segundo.

Ao menos é algo que realmente me desafia. Que faz com que me sinta vivo. E na Tailândia. O que não é nada mau.

Em 4 anos eu:

— Conheci 48 países ao redor do mundo.

— Aprendi a surfar em Bali, na Indonésia.

— Fiz curso de *kite surf* em Mui Ne, no Vietnã. Um esporte que tem a base de um *wakeboard* como prancha e o auxílio de um pequeno *kite* (uma espécie de paraquedas) para gerar movimento.

— Jantei em alguns dos melhores restaurantes do mundo em Roma, Portugal, Amsterdã e tantos outros.

— Tirei minha carteira de mergulho avançado na Tailândia.

— Aprendi a esquiar e a fazer *snowboard* em Andorra, em uma das maiores estações de esqui da Europa.

— Participei de um treinamento de paraquedismo em túnel de vento em Cingapura.

— Mergulhei com tubarões em plena madrugada (é o horário que eles apareciam) nas Filipinas.

— Vi as auroras boreais perto de Reykjavik, na Islândia.

— Escalei 1.717 metros para chegar ao topo do vulcão adormecido Batur, em Bali, a tempo de ver o nascer do sol.

— Mergulhei em profundidade passando por dentro de naufrágios de quase 100 metros da Segunda Guerra Mundial nas ilhas Córon, nas Filipinas.

Entre tantas outras experiências...

E o melhor de tudo: você nem precisa ser milionário para fazer tudo isso. Eu, na época, não estava nem perto disso e não fez diferença alguma. Por quê? A resposta está em uma simples distinção que aprendi com um de meus mentores (falo dele depois):

As pessoas acreditam que o que querem é ser milionárias... Quando, na verdade, o que querem é viver como milionárias.

Cada um tem a sua visão do que é ser um milionário: esqui nos Alpes Suíços, viagens todo mês, mais tempo livre, carros e mansões.

Então, já que o objetivo não é ser milionário, mas sim viver como um, fica a pergunta:

Eu consigo viver como um milionário sem necessariamente ter R$ 1.000.000 no banco?

E a boa notícia é que a resposta é sim. Sim, você pode.

Desde 2010 eu respondo a essa pergunta e venho provando como isso é possível. Agora este livro irá fazer isso por você. Porque afinal:

Como eu consegui sair de um emprego em que não ganhava nem R$ 2.000 por mês...

... para ficar um ano inteiro viajando na Ásia ganhando quase R$ 40.000 reais por mês?

É uma bela diferença. E que não veio por acaso.

Como tudo isso aconteceu?

É uma história um pouco estranha e bizarra. Uma que nunca tive a chance de contar por completo.

Felizmente vou ter essa chance hoje, aqui. A chance de contar como tudo aconteceu de verdade. Mostrar como é esse código que – agora que eu o decifrei e testei – é simples de duplicar.

Também vou contar um pouco sobre uma pequena subcultura de pessoas chamadas de os **Verdadeiros Ricos** (VR).

São pessoas que levam uma vida bem diferente da dita convencional. Focam em ter mais **liberdade e qualidade de vida.** Vivem onde quiserem no mundo e sem abandonar o lado financeiro da vida.

Se você, então, quer saber mais sobre:

— Como trabalhar de onde e quando quiser.

— Como escolher a quantidade de dias de férias por ano.

— Como trabalhar com o que gosta.

— Como ter mais tempo para você e para sua família.

— E como ter mais liberdade e qualidade de vida.

Este é o livro mais importante que você vai ler na vida. E está aqui o porquê:

Veremos aqui por que o sistema hoje está estragado. Ele não funciona e nunca vai funcionar. Não importa quanto você trabalhe.

Se não fizer algo para mudar – começando hoje, agora mesmo –, estará destinado a continuar no mesmo ciclo: trabalhar 11 meses sofridos em algo de que não gosta para tirar um mês de férias (e olhe lá).

O que eu vou mostrar para você é uma alternativa.

Uma nova maneira de encarar a vida que possibilita vivê-la em seus próprios termos. Poder trabalhar de onde e quando quiser. Tirar quantos dias de férias desejar. E o melhor:

Ao mesmo tempo que você não precisa ser um milionário para viver como um, vou mostrar como é possível ganhar o mesmo ou até mais do que você ganha no seu trabalho atual.

E mais:

Podendo trabalhar de onde e quando quiser.

Afinal, pense comigo:

Se você conseguisse uma maneira de ganhar o mesmo ou mais do que ganha atualmente no seu trabalho e podendo fazer de qualquer lugar... por que você não o faria?

Assim você estaria **livre**. E esse é o objetivo principal.

O resto? O resto é bônus.

Quer viajar e conhecer as ilhas Fiji? Ótimo. É somente um bônus. E um muito bom por sinal.

Quer poder ficar no hotel cinco estrelas Villa Tre Ville na costa Amalfitana na Itália onde uma única noite pode custar de R$ 3.000 a R$ 10.000 por pessoa? Ótimo. É também somente um bônus.

Quem sabe poder jantar em um dos melhores restaurantes do mundo com 3 estrelas Michelin, em Girona, na Espanha? Ótimo. Também vale como bônus.

Ou de repente você *realmente quer* se tornar um milionário? Ótimo. É possível também. E através de um caminho com muito mais chances que um trabalho convencional.

Não me entenda mal: tudo isso é ótimo. São atividades e experiências incríveis. Mas não se engane: elas são somente bônus. A prioridade é ser livre; depois, você pode escolher fazer exatamente aquilo que tem vontade e que o realiza.

E se tudo isso está parecendo "bom demais para ser verdade", fique tranquilo: eu pensaria o mesmo. Tudo o que é diferente e novo é sempre primeiro visto com desconfiança. É natural.

Eu, na verdade, nem peço a você que acredite em tudo o que eu estou dizendo agora.

Só o que eu peço é que *não desacredite* antes de ter a chance de ver como tudo aconteceu. De ver mais provas e outras pessoas que também decifraram o código e replicaram o sistema.

Até porque, pense assim:

Se eu estiver errado, tudo o que você vai perder são alguns minutos de vida lendo este livro...

... mas e se eu estiver certo?

Se realmente for possível **viver como um milionário**... *sem necessariamente ser um?* E mais: se realmente existir uma maneira de fazer igual?

Não vale a pena descobrir? Tenho certeza de que sim.

E o melhor de tudo?

Você nem vai precisar ficar mais de 1 minuto embaixo da água sem respirar.

Por isso relaxe, respire e deixe-me mostrar como as coisas podem ser diferentes. Bem diferentes.

Barcelona, Espanha
22 de dezembro de 2016

SEÇÃO 1
DEFINIÇÃO

Milhares Acreditaram Nisso — E Agora Sofrem As Consequências

> "Se eu tivesse seguido todas as regras, nunca teria chegado a nenhum lugar."
> — Marilyn Monroe

Uma pergunta para você:

Se eu lhe oferecesse um "investimento" em que você investe R$ 110.000 e em retorno recebe somente R$ 10.000... você o faria?

Você teria um prejuízo de R$ 100.000. Um retorno negativo de 90%.

Você não o faria, certo? Então fica a pergunta:

Por que você faz o mesmo com a **sua vida**?

Uma das primeiras pessoas que me fizeram questionar isso tudo foi o autor Timothy Ferris. Eu o considero um grande mentor e alguém a quem tenho muito a agradecer por toda inspiração que me deu para fazer as perguntas certas que acabaram mudando completamente minha vida.

Agora, pense comigo: percebe que esse é o "investimento" que você tem feito sua vida inteira? Um investimento em que você tem um retorno negativo de 90%? Sabe onde? Está bem na sua frente:

No seu trabalho. Porque é aí que você trabalha 11 meses em um lugar que odeia, fazendo o que não gosta, para só depois tirar um mês de férias. Isso se você tiver sorte.

Não faz sentido.

E se não faz sentido, por que tantas pessoas – talvez incluindo você – continuam fazendo isso?

A resposta é uma só:

Isso faz parte de uma bela mentira que venderam para você. E o pior:

Não é uma mentira criada por pessoas de má-fé ou nem nada disso. É uma mentira contada por pessoas até de boa índole. Pessoas de bom coração. Pessoas com boas intenções. E nessa hora eu lembro o conselho do meu pai:

"O cemitério está cheio de boas intenções."

Infelizmente há muitas pessoas bem-intencionadas, mas que não sabem o que é melhor para nós. E nem talvez o que é melhor para elas.

Deveriam se preocupar mais com os ditos "conselhos" que passam. Porque, ao não saber que estão dando conselhos furados – mesmo com as melhores das intenções –, prejudicam a vida de milhares de pessoas.

Sim. E muito provavelmente a **sua vida**.

Como eu sei disso? Simples. 2 motivos:

Primeiro, eu passei pela mesma situação. E foram anos de luta até conseguir descobrir a verdade.

Segundo, basta olharmos os números e as estatísticas:

— 72% dos brasileiros afirmam sofrer com o estresse relacionado ao trabalho.[1]

---

1. Segundo pesquisa realizada pela International Stress Management Association (ISMA Brasil). Ver em: 72% das pessoas estão insatisfeitas com o trabalho, aponta pesquisa. *Globo*, 29 abr. 2015. Disponível em: <www.g1.globo.com/concursos-e-emprego/noticia/2015/04/72-das-pessoas-estao-insatisfeitas-com-o-trabalho-aponta-pesquisa.html>. Acesso em: 21 nov. 2016.

- 53% das pessoas formadas trabalham hoje em setores que nada têm a ver com a sua graduação original.[2]

- 51% dos brasileiros desempenham mais de uma atividade ou fazem hora extra para compensar os baixos salários.[3]

- 33% dos trabalhadores no mundo apresentam transtornos da ansiedade, estresse ou depressão.[4]

- 33,02% dos aposentados seguem trabalhando para poder se sustentar.[5]

- No Japão estima-se que até 10.000 pessoas por ano morrem por excesso de trabalho. É a mesma quantidade de mortes no trânsito do país. Na China, cerca de 600.000 pessoas morrem todos os anos da mesma maneira. Isso são 1.600 mortes por dia.[6]

- Cerca de 950.000 brasileiros fazem uso indevido e abusivo de medicamentos de forma extremamente perigosa.[7]

---

2. Pesquisa realizada pelo Observatório Universitário, em 2006. Ver em: 53% dos formados no país trabalham em outras áreas. *Folha de S.Paulo*, 11 set. 2006. Disponível em: <www1.folha.uol.com.br/fsp/cotidian/ff1109200601.htm>. Acesso em: 21 nov. 2016.

3. Departamento Intersindical de Estatística e Estudos Socioeconômicos (Dieese).

4. Segundo a Organização Mundial da Saúde. OMS diz que 33% da população mundial sofre de ansiedade. *O Progresso*, 13 jan. 2016. Disponível em: <www.progresso.com.br/caderno-a/ciencia-saude/oms-diz-que-33-da-populacao-mundial-sofre-de-ansiedade>. Acesso em: 21 nov. 2016.

5. PNAD, 2006.

6. "Morrer de tanto trabalhar" gera debate e onda de indenizações no Japão. *Folha de S.Paulo*, 1º out. 2016. Disponível em: <www1.folha.uol.com.br/sobretudo/carreiras/2016/10/1818790-morrer-de-tanto-trabalhar-gera-debate-e-onda-de-indenizacoes-no-japao.shtml>. Acesso em: 21 nov. 2016.

7. Segundo relatório do Escritório das Nações Unidas sobre Drogas e Crimes (UNODC). ONU alerta para o consumo abusivo de remédios no Brasil. *Veja*, 23 jun. 2011. Disponível em: <www.veja.abril.com.br/saude/onu-alerta-para-o-consumo-abusivo-de-remedios-no-brasil/>. Acesso em: 21 nov. 2016.

— Tivemos um aumento de 705% em casos de mortes por depressão nos últimos 16 anos no Brasil.[8]

— No mesmo período, o número de suicídios passou de 6.743 para 10.321. Um aumento de 53%. Isso corresponde a 28 suicídios por dia.[9]

É um fato. Todos os números comprovam:

O sistema está estragado.

E boa parte da culpa é essa mentira que venderam para você. Qual mentira? Esta:

"Estude bastante. Baixe a cabeça. Trabalhe duro em uma boa empresa e daqui 50 anos você poderá relaxar e aproveitar a vida."

"Ahh, e não se esqueça de cortar o cafezinho pra economizar no orçamento!"

Esse é mais um dos ditos "conselhos" que experts em finanças gostam de passar.

Então é a isso que chegamos?

Tenho que me matar e me quebrar trabalhando para, de repente, daqui 50 anos poder "aproveitar" e nem meu bendito café eu posso tomar?!

Chega a ser engraçado. Para não dizer triste. Para não dizer **desesperador.**

Não quero passar muito tempo falando dos problemas. Já precisamos ver e lidar com muitos deles todos os dias, certo?

Ainda assim, você deve entender que:

1. O sistema está estragado e sem chance de conserto.

2. Você pode fazer algo a respeito da mentira que lhe contaram.

3. Você precisa fazer algo agora.

---

8. Idem à nota 7.

9. Idem à nota 7.

FÉRIAS SEM FIM SEÇÃO 1: DEFINIÇÃO

Para que você entenda tudo isso – e saiba o que fazer a respeito –, eu preciso rapidamente desmascarar as mentiras e contar a verdade para você. A má notícia?

A verdade dói.

A boa notícia?

Você vai aprender como se livrar de tudo isso hoje mesmo.

Uma Maneira Garantida De Viver Uma Vida Miserável — E Como Evitá-la

"Ao trabalhar rigorosamente por 8 horas por dia você eventualmente se tornará o chefe e poderá trabalhar 12 horas por dia."
— Robert Frost

"Pai... o que você está fazendo de pé esta hora?"

Era o que eu perguntava para o meu pai às 5 horas da manhã de uma quinta-feira na minha cidade natal.

Estava visitando meus pais naquela semana. Já trabalhava por conta e podia fazer meus horários. Era solteiro na época. Por isso me pareceu uma boa decisão: encontrar alguns amigos e sair para uma festa na quarta-feira.

Encontrei alguns deles, tomamos algumas e saímos. Passa a festa e resolvo ir para casa. Algo como 4h30 já da quinta-feira. E eu me lembro bem daquele dia: chuvoso, frio e com neblina. Clássico de uma cidade da serra do Rio Grande do Sul.

Chegando em casa eu me deparo com a cena: meu pai, já acordado e literalmente de pé no balcão. De pé, comendo uma bolacha de manteiga e tomando um café. Meio sem entender, foi aí que eu perguntei:

"Pai... o que você está fazendo de pé esta hora?"

Acho que ele não tinha me visto. Porque nessa hora ele levanta a cabeça e fala:

"Ah, oi, Bruno. Estou aqui tomando um café rapidinho porque tenho que ir pra empresa. As coisas estão feias por lá..."

A situação não era nada fácil. A crise de 2008/2009 atingia com tudo o mundo e o Brasil. E a empresa em que meu pai trabalhava na época era uma das mais afetadas. Cabeças rolando e muitas contas para pagar. E é por isso que ele já estava de pé.

Esse momento me marcou por 2 motivos:

Primeiro porque fez com que me desse conta de como eu era uma criança mimada. Sim, mimada. Porque estava eu ali, em plena quarta-feira "curtindo a vida", enquanto pessoas importantes para mim, como minha família, sofriam. E bastante.

Eu já ganhava meu próprio dinheiro e vivia no meu próprio apartamento. Ótimo. Mas só porque eu agora não dependia deles, por que parar aí?! Por que me contentar com pouco? Por que deixar minha família sofrer desse jeito?

Foi nesse momento que eu tomei uma decisão:

Nunca mais.

Nunca mais eu deixaria meu pai acordar àquela hora para trabalhar...

Nunca mais eu o deixaria sofrer daquele jeito...

Nunca mais eu deixaria que alguém na minha família passasse por algo assim.

Minha missão agora era simples:

Meu objetivo era ganhar o suficiente não só para me sustentar, mas sustentar meus pais e a minha futura família inteira com sobra.

Era algo que, por um motivo ou outro, ainda não tinha entrado na minha cabeça. Era por ser jovem? Ou por ser um imbecil mesmo? Digo "imbecil" porque chego a ficar com raiva de mim mesmo enquanto escrevo aqui para você:

Como eu não tinha percebido isso antes?!

Felizmente a vida nos reserva boas lições. E muitas vêm na hora certa.

Lição aprendida. E que lição! Porque foi daí que as coisas começaram a mudar. Só não esperava tanto.

O segundo fato que me marcou faz parte da mentira que contaram para você.

A Falsa Segurança E O Custo Escondido Do Conforto De Um Salário Fixo

"Ninguém chega ao final da vida desejando que tivesse passado mais tempo dentro do escritório."
— Dan Kennedy

Muitos depositam todas as esperanças e a própria vida no "conforto e segurança" de um salário. Afinal, é isso que paga as contas, certo? Ele que nos dá a segurança de prover nossa família e aqueles que amamos.

O problema é que há diversos "poréns" que ninguém gosta de encarar:

— E se você sofrer um acidente e não puder mais trabalhar, como fica?

— E se outra crise acontecer (tivemos 2 em menos de 10 anos), o que vai acontecer com seu salário?

— E se você for despedido e não conseguir arrumar outro emprego?

— Se alguém da sua família ficar doente e os custos forem mais altos que seu salário?

Esses são só alguns dos cenários que podem acontecer se você depende apenas de seu salário do mês que vem. Caso não tenha ficado claro, aqui está a verdade:

No salário você não tem nada de conforto ou segurança. É na verdade uma prisão. Uma prisão que mantém você lá, trabalhando mais do que deveria em algo de que você não gosta. E se você não fizer algo a respeito, nada vai mudar.

E podemos ir além:

Suponha que você decida que quer ganhar mais. Isso porque você acredita que está trabalhando muito para ganhar pouco (e quem não?). Justo. Agora, o que fazer? Você tem somente duas opções:

Ou você trabalha mais horas...

Ou você ganha mais por hora trabalhada.

E é aqui que as coisas vão de mal a pior:

Trabalhar mais 1 ou 2 horas depois que você já trabalhou 14 horas por dia não é nada fácil. No longo prazo eu diria que é impossível.

E aumentar quanto você ganha por hora não é você que decide. É o seu chefe. E eu não acho que ele esteja tão a fim, como você, de aumentar seu salário assim do nada.

É por essas e outras que o sistema está quebrado. Veja bem:

Você está preso em um sistema que não quer seu crescimento, mas sim mantê-lo sempre de acordo com o melhor custo-benefício visando ao lucro da empresa em si.

Ou seja: é uma roda constante de insatisfação. Uma que você não tem chance nenhuma de vencer.

- Seu chefe nunca está satisfeito com seu trabalho: ele sempre gostaria que você fosse melhor e tivesse um salário menor.

- A empresa visa sempre ao crescimento dos lucros e à redução de custos. O que afeta diretamente o seu salário.

- E por último você não consegue se livrar dessa insatisfação de nunca ser "bom o suficiente" para tudo aquilo que gostaria de fazer.

É por esses motivos que o nosso modelo de trabalho tradicional é ultrapassado, ineficiente e – acima de tudo – está quebrado.

Depois, quando você adotar o estilo de vida de um Verdadeiro Rico, vai entender como o jogo muda. Você tem controle para decidir quão rápido e quão longe vai.

Você e somente você decide isso.

Não é o seu chefe que decide quanto você vale...

Não é a política da empresa...

Nem é o governo...

Mas você.

Você decide exatamente como, quando e onde vai querer estar e ganhar.

Como? É exatamente disso que este livro se trata.

Se Você Pretende Ser Preso, Recomendo Que Faça Uma Faculdade

"Uma educação formal lhe dará um bom salário. Uma educação por conta própria lhe dará uma fortuna."
— Jim Rohn

Um dos únicos benefícios para fazer uma faculdade é este: se você cometer algum crime, tem direito a uma cela especial.

E isso só enquanto você é julgado! Não se engane.

Porque depois, se condenado, vai para uma cela comum como todos os outros.

Agora que fique claro: eu sou defensor assíduo de mais educação. Educação de verdade deve ser para a vida inteira, e não acabar em um colégio ou faculdade.

O que quero discutir aqui é como essa educação é feita. Porque hoje, infelizmente, é de uma maneira nada eficiente.

Por isso fica a pergunta: será que você nunca deve fazer uma faculdade?

Não necessariamente. Há casos em que vale a pena sim, como iremos ver em seguida. Mas há muitos outros em que uma faculdade não só não é recomendada, como é até perigosa! Explico.

Começamos com uma simples pergunta:

Vale a pena encarar 5 anos de estudo em uma faculdade ultrapassada, pagando valores muitas vezes bem altos, só para ter uma cela especial enquanto você espera um julgamento?

Eu tenho certeza de que não.

Preciso ser franco e direto aqui. Porque eu queria ter ouvido isso de alguém quando tinha 17 anos e precisei responder a uma das perguntas mais difíceis da nossa era:

"O que você vai querer fazer com sua vida?"

Como não sabia nada melhor, optei pela faculdade.

"Optei." Com aspas bem grandes. A verdade? Não tive muita opção.

Eu não sabia outro caminho...

Meus pais acreditavam que era o melhor pra mim...

E eu não tinha ninguém pra colocar a mão no meu ombro, me olhar no olho e me dizer:

"Cara... essa não é a única opção... Há, SIM, outros caminhos. E você é livre pra escolher qualquer um deles."

Só de escrever e imaginar alguém me falando isso naquela época me faz arrepiar os pelos do braço.

Mas isso não aconteceu. E eu não sou de chorar por leite derramado. Então, bola pra frente. Lição aprendida. Talvez ao menos sirva para algo:

Alertar tantas outras pessoas dessa opção.

Antes que você me crucifique como um maluco contrário à educação, deixe-me esclarecer alguns pontos pra que a gente se entenda. Vamos lá.

Primeiro, eu acredito fortemente em uma educação vitalícia.

Acho que quem para de aprender, para no tempo. E com isso invariavelmente fica para trás.

Agora, como essa educação é feita é outra história.

Com certeza não recomendo através de uma faculdade, universidade ou qualquer tipo de pós-graduação.

Se você achar que faz sentido pra você – por precisar de uma estrutura e se sentir mais confortável –, ótimo. Faça o que faz sentido para você. Mas de novo:

Você não é obrigado.

E essa não é, nem de perto, a única opção.

Eu pessoalmente devoro livros e mais livros. Um dos maiores prazeres que tenho é ler um bom livro enquanto viajo. Realmente me faz crescer como pessoa. E posso afirmar tranquilamente:

Se não fossem os diversos livros que eu já li – alguns colaborando mais, outros menos –, com certeza não estaria aqui.

Minha esperança é de que este livro colabore de alguma maneira em sua vida.

E eu não paro em livros. Cursos, eventos, palestras, vídeos, aulas etc. A lista segue. E é longa. Estou sempre aprendendo. Porque é isso que faz a diferença.

Agora aquela educação engessada e chata que passam na grande maioria de cursos e faculdades? Não, obrigado.

Quando Então Uma Faculdade Faz Sentido?

Segundo, há algumas profissões específicas que, sim, uma graduação completa se faz necessária.

Talvez até mais que isso.

Se, por exemplo, eu tivesse um tumor no cérebro e precisasse operar, com certeza não gostaria que o médico-cirurgião me dissesse:

"Bom... segundo um curso on-line que eu fiz na semana passada, acredito que essa operação não deve demorar mais que duas horas e meia. Se, claro, tudo der certo. Vamos torcer para isso."

Nesses casos específicos, a resposta é sim: o ideal – e até o certo – é uma graduação completa e estruturada.

Agora, em uma grande maioria dos casos, uma faculdade é pura perda de tempo e dinheiro.

Duvida?

Façamos uma verificação rápida.

Olhe ao seu redor. Procure no seu círculo de amizades e contatos. Nestes, veja e responda:

"Quantas dessas pessoas ainda trabalham na profissão que se formaram?"

Vai ter algumas com certeza. Mas não paremos por aí. Com essas faça uma segunda pergunta:

"Quantas dessas poderiam ter aprendido o que usam hoje em muito menos tempo e gastando muito menos dinheiro, mas de uma maneira diferente?"

Poderia ser aprender por conta própria. E com prática direta. Como eu gosto de fazer. Mas entendo que muitos precisam de uma "estrutura" para seguir. Sem problemas – você pode ter essa estrutura. Mas de novo:

Você não é obrigado.

Há outras opções.

As faculdades e instituições de ensino estão infelizmente muito defasadas. Muito mesmo. O mundo muda rápido demais para conseguirem acompanhar. E é fácil de entender.

Como você espera que uma grade curricular feita 50 anos atrás acompanhe novas tecnologias que surgiram há nem 5 anos?!

Não tem como.

Há profissões completamente novas que não existiam antes. E alguém precisa exercê-las. E não vai ser uma faculdade que vai passar esse conhecimento para você.

Terceiro, não só as instituições de ensinos superiores, mas também as de fundamental e médio, são péssimas na hora de ensinar as verdadeiras lições que precisamos aprender para nossa vida.

Posso citar alguns exemplos:

1. **Educação financeira**: praticamente nada é visto sobre isso. E esse é um fator decisivo na vida de uma pessoa. Isso fica claro com a nossa realidade: 6 de cada 10 brasileiros não sabem nem quanto devem! Quanto você acha que isso pode afetar a vida de uma pessoa?[10]

2. **Educação emocional**: aprender a lidar com nossos sentimentos e crescer como pessoa. É a falta dessa inteligência emocional que faz com que muitas pessoas, mesmo com toda formação e educação do ponto de vista técnico, acabem tendo enormes dificuldades na hora de avançar dentro de uma empresa ou até na hora de construir seu próprio negócio.[11]

3. **Educação social**: o ambiente social da escola até ajuda, mas falta um aprofundamento para entender a dinâmica de grupos na sociedade. Entender por que uma pessoa age como age e o que a afeta. Por exemplo, no Brasil, 38% dos motivos apontados para estresse no ambiente de trabalho são por causa da convivência com chefes e colegas agressivos ou mal-humorados.[12]

---

10. Seis em cada 10 brasileiros não sabem quanto devem, aponta pesquisa. *G1*, 29 mar. 2016. Disponível em: <www.g1.globo.com/economia/seu-dinheiro/noticia/2016/03/6-em-cada-10-brasileiros-nao-sabem-quanto-devem-aponta-pesquisa.html>. Acesso em 20 jan. 2017.

11. Disponível em: <www.exame.abril.com.br/carreira/emocoes-sao-o-principal-obstaculo-para-geracao-y-diz-estudo/>. Acesso em 22 dez. 2016.

12. Estresse no trabalho: quando a pressão ultrapassa o cansaço. *Saúde Plena*, 1º ago. 2013. Disponível em: <www.uai.com.br/app/noticia/saude/2013/08/01/noticias-saude,194166/>. Acesso em 20 jan. 2017.

Esses são só exemplos rápidos. Três áreas que são fundamentais aprendermos para termos uma vida completa... e que ninguém nos ensina.

Cabe a nós aprendermos por conta.

E uma última para fechar aqui. Que é até uma das que mais me incomodam:

Como encarar os erros.

Erro.

Argh!

Chega até a virar o estômago só de falar.

Nas instituições de ensino clássicas é martelado como se fosse verdade: errar é feio.

Se você errar, você tira nota baixa, o que é ruim...

Se você errar, você será julgado e ridicularizado pelos outros...

Se você errar, você nunca será ninguém na vida.

Mas, chuta só...

Isso é besteira. E das grandes.

Se você falar com quem investe na bolsa de valores, ou até empreendedores como eu que estão todos os dias testando novas campanhas, você vai descobrir algo interessante:

A gente não se importa nem um pouco em errar 9 de 10 vezes que tentamos. Por quê?

Porque sabemos que esses 9 erros serão controlados e pequenos. No mercado de ações eles chamam isso de *stop loss*. Ou seja: até que ponto você está disposto a perder para fazer determinada "aposta".

Só que aquela UMA que você acertar paga todas as outras! E com sobra!

Por isso, de agora em diante, não chame mais erros assim. Troque a palavra. Chame de testes. De tentativas. De experimentos.

E todos esses – testes, tentativas e experimentos – podem dar errado.

O que não significa que você como pessoa é uma falha. Foi simplesmente um teste que não deu certo. Bora pro próximo!

Essa é uma habilidade crucial que você precisa desenvolver.

Tanto para sua vida como para seus negócios. E pode ter certeza:

Não é na escola nem na faculdade que você vai aprender.

A Verdade Assustadora Sobre A Sua Aposentadoria (Aviso: Ela Talvez Seja Cancelada)

> "Quando nós não somos mais capazes de mudar uma situação, nós então somos desafiados a mudar a nós mesmos."
> — Viktor E. Frankl, sobrevivente do Holocausto

Você sabia que um tempo atrás a aposentadoria simplesmente não existia?

O que as pessoas faziam então?

Trabalhavam até morrer?

A ideia da aposentadoria surgiu pela primeira vez em 1881. Foi criada na antiga Prússia para forçar as pessoas a pararem de trabalhar. O motivo? Precisavam substituir os "velhos" por trabalhadores mais jovens.

Para aumentar os lucros e a eficiência das fábricas.

Antes disso não existia a ideia de "se aposentar".

Você fazia o que você tinha que fazer até o final da vida. Ponto.

Com o aumento da expectativa de vida, tudo mudou. E com isso surgiu a aposentadoria. Que é o sonho de muitos. Até que se torna seus pesadelos. Veja o caso, por exemplo, de Fernando N., de 68 anos:

Passou a vida inteira em um emprego público estável. Ganhava bem e conseguiu juntar um bom dinheiro. Então, colocou seus filhos em boas escolas e universidades e viu ambos se formarem.

Agora é chegado o momento que ele tanto esperava: a aposentadoria!

Ótimo. Só tem um problema:

O que diabos fazer com tanto tempo livre?!

Talvez isso soe bizarro agora pra você. Principalmente se você se mata de trabalhar e só consegue pensar no fim de semana para descansar e relaxar. Mas acredite em mim:

Para alguém acostumado a trabalhar de 12 a 14 horas por dia e viver só disso, esta é uma pergunta assustadora.

Quando nós mesmos estamos trabalhando assim, ter "todo o dia livre" parece um sonho.

Parece mesmo. Mas não é. Pelo contrário até.

Pense assim:

Sabe aqueles domingos em que, às vezes, você não tem muito o que fazer? Que o melhor "plano" é almoçar e depois "relaxar" vendo uma partida de futebol do Brasileirão? Mas depois que acaba ficamos meio perdidos?

Multiplique esse sentimento por 100. E substitua algo interessante na televisão pelo mesmo filme dos anos 1990 na sessão da tarde. E mais: sem ninguém para ligar para combinar ou fazer alguma coisa. Afinal, todos estão trabalhando, certo?

Esse é o "sonho" da aposentadoria.

É essa mentira que nos ensinam a "sonhar" e desejar. E é por isso que eu hoje chamo a aposentadoria de uma "Arma de Controle de Massa". Por quê? Simples:

A vida é cruel. E difícil. E se toda a população soubesse quão difícil as coisas realmente podem ser, provavelmente haveria revoltas. Tudo mudaria.

O que fazer então? Fácil. Tudo o que aqueles que preferem manter você como mais um trabalhador barato que não reclama precisam é de uma falsa promessa assim:

"Sim, nós sabemos que é difícil... É muito trabalho pra pouco retorno... Mas fique tranquilo. Porque há uma luz no fim do túnel! E quando você chegar lá poderá aproveitar de verdade sem precisar fazer mais nada!"

Ou seja:

Agora você vai viver uma vida completamente sem graça, sofrer pra caramba e trabalhar feito um condenado! Mas fique tranquilo: quando você chegar lá no final – daqui 40 ou 50 anos –, aí sim vai poder aproveitar.

Perfeito...

Pena que é mentira.

E é daí que temos a nossa realidade hoje:

Milhares de pessoas vivendo uma vida miserável para que talvez... de repente... um dia... se tudo der certo... se não tivermos mais algumas crises... você possa se aposentar e aí sim aproveitar a vida.

Ah, e não se esqueça de cortar o cafezinho! Senão o plano não vai funcionar! E ainda vai ser sua culpa!

Por isso recomendo que você faça um exercício rápido. Agora mesmo:

Feche os olhos, pare por 5 minutos e imagine esta situação: imagine que **a aposentadoria não existe**. Ela não é mais uma opção.

Sabendo, então, que você não vai ter a opção de relaxar e "aproveitar a vida" quando chegar a determinada idade, responda:

— O quanto isso mudaria como você vive?

— Quais as mudanças que você faria em sua vida para se preparar para o futuro e, ao mesmo tempo, aproveitar para viver melhor agora mesmo?

— Como você passaria a viver de agora em diante?

Se eu fosse chutar, eu diria que você faria o que é parte da filosofia dos Verdadeiros Ricos: sim, se preparar para poder diminuir o ritmo quando for mais velho, mas ao mesmo tempo não deixar de aproveitar o agora. E que fique claro:

Aproveitar o agora não significa largar tudo e viver com nada.

É, sim, trabalhar. Só que com uma diferença: trabalhar nos seus horários e no seu ritmo. Onde e quando você quiser.

É realmente combinar resultados financeiros com mais liberdade e qualidade de vida.

Essa é a filosofia de vida dos VRs.

Se Você Quiser Se Tornar Um Milionário, Então Nunca Faça Isso, Em Hipótese Alguma!

"Eu gostaria que todo mundo ficasse rico e famoso. E que fizessem tudo o que sempre sonharam fazer. Aí perceberiam que essa não é a resposta."
— Jim Carey

Talvez você já tenha ouvido essa também. Geralmente vem acompanhada da dica superfantástica de cortar o cafezinho:

"Se você começar com um investimento de R$ 10.000, com um retorno de 15% ao ano, isso irá se tornar R$ 2.678.635 em 40 anos!"

Em 40 anos! Oba!

O que eles não contam para você é o seguinte:

— Não contam que em 40 anos você talvez já esteja morto ou perto disso. No mínimo você com certeza não terá a mesma energia que tem hoje para aproveitar todo esse dinheiro.

— Não contam que um retorno de 15% todos os anos, por 40 anos, é quase impossível a não ser que você opere um esquema pirâmide ou algo ilegal parecido.

— Não contam que a inflação vai comer boa parte de (se não todo) seu retorno. Nos últimos dez anos tivemos uma inflação média de 7,13% ao ano. Com isso seu retorno "líquido" seria meros 8%. Isso se conseguisse magicamente 15% de retorno ao ano.[13]

— Não contam que em 40 anos, R$ 2.678.635 seria o equivalente a R$ 250.000 nos dias de hoje.

E por falar em inflação, uma pergunta para você:

Você não tem a impressão de que trabalha... trabalha... e trabalha... e até ganha mais do que ganhava alguns anos atrás... mas, ainda assim... parece que as contas nunca fecham? E pior:

Parece que seu dinheiro hoje vale menos. Você não consegue comprar as mesmas coisas que comprava no passado?

Se você pensou que isso é culpa da inflação, você está certo. Agora, você tem noção de quão grave é esse problema? É melhor você saber agora, antes tarde do que nunca. Olha só:

---

13. Calculadora de inflação UOL. Disponível em: <fundos.economia.uol.com.br/uol/calculadora-indices-inflacao>. Acesso em: 21 nov. 2016.

Variação média salarial *vs.* média inflacionária

	RENDIMENTO MENSAL DOMICILIAR (R$)	DIFERENÇA SALÁRIO (%)	INFLAÇÃO (%)	SALÁRIO VS. INFLAÇÃO (%)	SALÁRIO VS. INFLAÇÃO ACUMULADA (%)
2003	2.520	0	0	0	0
2004	2.497	-0,91	7,60	-7,91	-7,91
2005	2.550	2,12	5,69	-3,38	-11,02
2006	2.663	4,43	3,14	1,25	-9,91
2007	2.745	3,08	4,45	-1,31	-11,09
2008	2.857	4,08	5,90	-1,72	-12,62
2009	2.921	2,24	4,31	-1,98	-14,35
2010	3.058	4,69	5,90	-1,14	-15,33
2011	3.139	2,65	6,50	-3,62	-18,39
2012	3.278	4,43	5,83	-1,32	-19,47
2013	3.300	0,67	5,91	-4,95	-23,45
2014	3.389	2,70	6,41	-3,49	-26,13
2015	3.585	5,78	10,67	-4,42	-29,39

Fonte: IPCA IBGE, Banco Central, DIEESE.

As primeiras duas colunas correspondem ao seu salário: qual é a média anual dele e a diferença em percentual ano após ano.

A terceira coluna se trata da inflação acumulada durante cada um dos anos aqui vistos. E, por último, o que realmente assusta:

As últimas duas colunas mostram primeiro a diferença entre o aumento médio salarial e a inflação, e depois essa diferença acumulada.

Talvez só olhando números você não perceba o que está acontecendo. Mas deixa eu te ajudar:

Diferença entre variação salarial e inflacionária acumulada

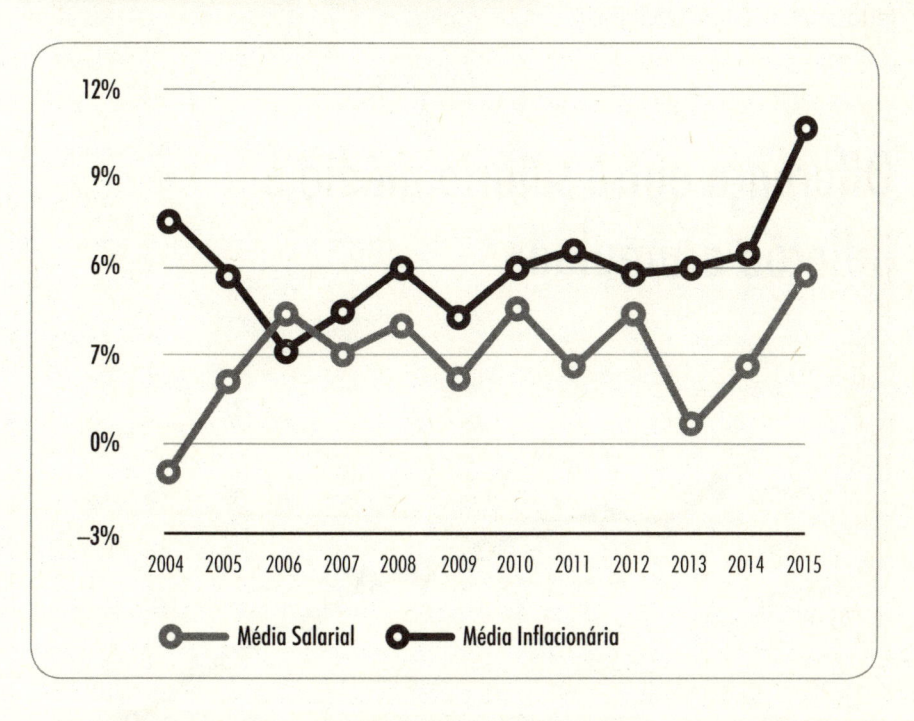

(Gráfico: eixo Y de -3% a 12%; eixo X de 2004 a 2015; linhas "Média Salarial" e "Média Inflacionária")

A linha mais clara, inferior, corresponde à variação do seu salário. Veja que em alguns anos a média salarial aumentou mais, em outros, menos. E inclusive em alguns anos (2004) chegou a diminuir.

Agora compare com a inflação. Representada na linha mais escura, superior:

FÉRIAS SEM FIM SEÇÃO 1: DEFINIÇÃO

Repare como praticamente em todos os anos – com exceção de 2006 – o aumento da inflação ficou bem acima do aumento do seu salário. Entende o que isso quer dizer? Porque o fato é claro:

O seu salário vale menos ano após ano.

E não adianta você simplesmente trabalhar mais. Infelizmente a situação econômica atual está de um jeito que fica quase impossível conseguir superar o aumento de seus gastos primários.

E nem estou falando do cafezinho!

Repare como fica essa diferença entre a inflação e o seu salário acumulado em um último gráfico:

Diferença entre salário médio e inflação acumulada

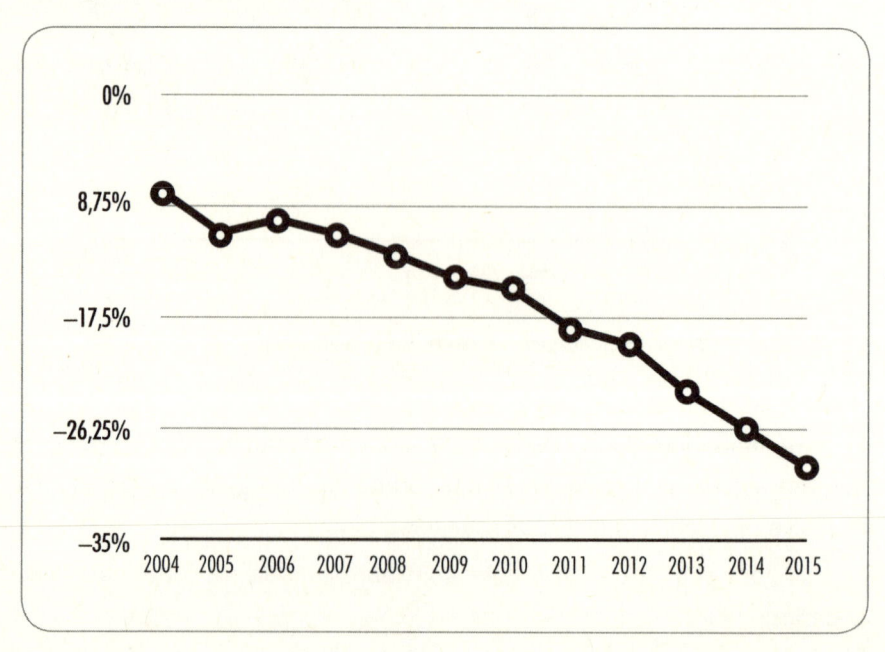

Não, você não está vendo errado.

De 2003 até 2015, a diferença acumulada é cerca de 30% negativos. São 30,51% negativos para ser mais exato. Ou seja:

Se você trabalha desde 2003, seu salário foi comido ano após ano por conta da inflação.

Talvez você seja uma das exceções que conseguiram aumentar muito acima da média brasileira. Ótimo! Ainda assim o fato permanece:

Você está empurrando uma pedra de 200 quilos morro acima.

Você até consegue chegar ao topo... mas o esforço e os danos causados a sua saúde são, com certeza, bem grandes.

Sei que olhar para esses números pode assustar. Mas, acredite:

Ao menos é melhor que você saiba a verdade agora. Porque o primeiro passo é reconhecer o tamanho do desafio. Principalmente se você não rever seus planos e ações agora mesmo. Depois, sabendo isso tudo, estamos juntos nesta para poder fazer algo a respeito.

Resumindo:

— O salário nos prende ao presente. Uma falsa promessa de segurança e conforto que pode sumir a qualquer instante. E o pior: sem que possamos fazer muito a respeito.

— A aposentadoria e os planos de "ficarmos ricos daqui 40 anos" nos prendem a uma esperança falsa de um futuro melhor. Futuro que não vai chegar. E provar isso não é difícil. Basta olharmos as estatísticas: 31% dos aposentados precisam continuar trabalhando para se sustentar.[14]

---

14. Segundo pesquisa realizada pelo Serviço de Proteção ao Crédito (SPC Brasil) e pela Confederação Nacional de Dirigentes Lojistas (CNDL). Um terço dos aposentados acima de 60 anos ainda trabalha. CNDL, 21 set. 2016. Disponível em: <www.cndl.org.br/noticia/um-terco-dos-aposentados-acima-de-60-anos-ainda-trabalha/>. Acesso em: 21 nov. 2016.

Esse porcentual sobe para 42% para aqueles que possuíam uma renda acima de R$ 10.000.[15]

É somente uma pequena parcela que se aposentou e consegue manter a qualidade de vida que tinha antes, sem depender de ajuda ou de uma renda extra. E mais:

Com o custo de uma vida inteira de trabalho sofrido. Porque acreditaram que a aposentadoria seria o "paraíso"... que rapidamente virou um inferno.

Nada fácil, certo?

Por isso a resposta está em fazer algo a respeito agora.

Quanto antes você começar, antes começará a colher os frutos dessa mudança.

Para fazer isso quero apresentá-lo aos **Verdadeiros Ricos.**

---

15. Segundo pesquisa realizada pela Consultoria Mercer. Oito verdades que você deve encarar sobre a aposentadoria. *Exame*, 19 jan. 2015. Disponível em: <www.exame.abril.com.br/seu-dinheiro/8-verdades-que-voce-deve-encarar-sobre-a-aposentadoria/>. Acesso em: 21 nov. 2016.

SEÇÃO 2
SOLUÇÃO

O Segredo Dos Verdadeiros Ricos

"A qualquer instante, uma decisão que você tomar pode mudar o curso da sua vida para sempre."
— Tony Robbins

Quem são, então, os Verdadeiros Ricos?

VRs são pessoas que possuem as seguintes vantagens:

— Trabalham de qualquer lugar.

— Tiram quantos dias de férias quiserem.

— Trabalham de acordo com os próprios horários.

— Trabalham com o que gostam.

E, por último, são os VRs que entenderam uma simples, mas profunda distinção:

Você não precisa ser milionário para viver como um.

Você pode, antes, já viver e aproveitar muito como se fosse um milionário, sem necessariamente ter R$ 1.000.000 no banco.

Até porque ser milionário não é fácil. É realmente algo para poucos e os números comprovam isso:

Mesmo o Brasil, considerado um dos, senão o maior, criador de milionários da atualidade, tem muito poucos. Ao menos proporcionalmente:

Somente 0,08% da população brasileira é milionária.[16]

Ou seja, para cada 1.200 pessoas que você conhece, somente uma delas é ou será milionária.

É um número bem baixo.

E claro que tornar-se um milionário é totalmente possível. Por mais que você acredite agora ou não. Sinceramente, quando eu comecei também achava "impossível"... até que eu fui lá e fiz.

Mas o ponto não é esse.

O ponto é:

Se somente uma pequena parcela da população irá se tornar milionária... então, todo resto está destinado a sofrer?

Destinado a só ver a vida passar... enquanto uma minoria aproveita?

Era assim que as coisas funcionavam até bem pouco tempo atrás. Mas felizmente hoje tudo mudou. E há, sim, uma nova alternativa. Uma que os VRs enxergaram e fazem completo uso.

Para que você entenda como isso funciona, precisamos antes estabelecer e redefinir alguns conceitos que aprendemos ao longo dos anos.

---

16. Brasil ganhou 10 mil novos milionários em 2016, aponta estudo. G1, 22 nov. 2016. Disponível em: <www.g1.globo.com/economia/noticia/2016/11/brasil-ganhou-10-mil-novos-milionarios-em-2016-aponta-estudo.html>. Acesso em: 7 dez. 2016.

O Que Os Verdadeiros Ricos Sabem Que A Maioria Não Sabe

> "A vida ou é uma aventura constante ou nada."
> — Helen Keller

Já pensou tentar ganhar um jogo de futebol no qual:

— Você só pode entrar em campo com 6 jogadores enquanto o outro time entra com 11.

— O gol do time adversário é 3 vezes menor que o seu.

— O juiz é comprado e rouba para o outro time.

— E seu time inteiro não dormiu na noite anterior?

Difícil ganhar um jogo quando as regras estabelecidas estão contra você, certo?

O que fazer então?

Ou você muda as regras, ou você joga outro jogo.

Só o que você não pode fazer é entrar em campo desse jeito e achar que tem alguma chance! Pior ainda:

Entrar em campo e achar que "com mais esforço e dedicação" você vai superar essas adversidades!

Parece ridícula a ideia de que simplesmente com mais "esforço e dedicação" você vai conseguir vencer um jogo no qual as regras estão totalmente contra você. E fica ainda pior:

Sabe qual a resposta de muita gente quando, mesmo com todo esforço e dedicação, não tem os resultados desejados?!

Baixar a cabeça e trabalhar ainda mais.

Olha só, seguinte: com certeza absoluta, trabalho – e bastante trabalho – é mais do que necessário. Mas se você dedicar todas as suas energias para uma causa sem esperanças, você estará simplesmente desperdiçando energia!

Por isso a resposta é: antes de se dedicar com todas as forças e suor por algo em que acredita, escolha bem **pelo que e por quem** você vai lutar.

Porque se é para mover montanhas... brigar... espernear... suar... e fazer tudo o que for possível para alcançarmos um objetivo... então tem que valer a pena!

E mais: que esse objetivo seja jogado em um jogo que você tenha, logo de início, as melhores chances de sucesso. E não o contrário!

E é exatamente isso que vamos fazer agora.

Para isso você precisa aprender o que eu chamo de as "Novas Distinções dos VRs". São esses novos axiomas que redefinem o que é considerado "certo e convencional" pela sociedade. Realmente mudar o jogo para nosso favor.

Vamos a elas:

1. Depender somente de salário e aposentadoria é extremamente perigoso

A primeira parte já vimos. VRs entendem que não se pode nem se deve depender de um salário. E muito menos depositar todas as nossas esperanças na aposentadoria. De fato, VRs nem pensam em se aposentar. Afinal:

Por que pararíamos de fazer algo de que gostamos tanto? Algo que nos dá prazer e sentido para nossa vida?

Como o autor Timothy Ferris gosta de colocar:

"Aposentadoria é somente um seguro caso dê tudo errado."

2. Você não precisa ser um milionário para viver como um

Vale martelar nessa tecla. Porque é um dos pontos-chave da filosofia de vida de um VR.

Para entender como você pode fazer isso – viver como um milionário sem necessariamente ser um –, você precisa considerar alguns pontos.

Primeiro, como vimos antes, o que desejamos de verdade não é ser, mas sim viver como um. Poder aproveitar e fazer tudo o que um milionário faria. Mas a pergunta que fica é: o que significa viver como um milionário para você?

Palavra-chave: você.

O que significa viver como um milionário para você?

Não para seus pais. Nem para o governo. Nem para o(a) seu(sua) respectivo(a) parceiro(a).

Para você.

Porque cada um tem sua definição de milionário.

Alguns vão pensar em iates. Outros, em relógios caros. Outros, viagens. Outros, restaurantes estupidamente caros em Paris. Cada um tem sua visão. Mas já adianto para você:

Esses restaurantes caros nem são tão bons.

E as porções – principalmente francesas – são pequenas demais para o meu gosto.

Tenho origem italiana. O que eu gosto é de comer bem. Guarde os pratos enfeitados para o ano-novo, por favor. Obrigado.

Por que digo isso?

Porque é aí que começamos a restabelecer e redefinir as prioridades do que é realmente viver como um milionário.

Porque é justamente aqui em que temos uma das grandes sacadas: a visão que a maioria tem de quem é e como vive um milionário é errada. Bem errada.

Muitos imaginam aquele modelo clássico que comentamos antes: iates, viagens, jantares em restaurantes que cobram muito mais do que deveriam por um prato que é mais bonito do que gostoso etc.

Esse é um tipo de imagem. E se fizer sentido para você, ótimo! Mas de novo: precisa fazer sentido para você. Até vou além:

A melhor visão de como viver como um milionário não é focada e dependente de objetos e coisas, mas sim de experiências e liberdade.

Contraste alguns exemplos. Qual vale mais para você?

Poder buscar e levar seu filho na escola todos os dias ou se hospedar em um hotel cinco estrelas?

Poder ajudar seus familiares e aqueles perto de você com suas condições financeiras ou ter uma nova BMW na garagem da sua casa?

Ter uma noite de sono tranquila ou ganhar mais R$ 1.000.000 em troca de algumas horas de sono e estresse?

Repare bem porque isso é importante: todas as 6 alternativas são coisas boas de ter. Mas quando comparamos com as primeiras – aquelas mais focadas em experiências e liberdade –, vemos quais são nossas prioridades de verdade.

Eu, pessoalmente, tenho a minha própria maneira de entender o que é viver como um milionário. E é até bem simples:

Viver como um milionário é ter minha **liberdade financeira, geográfica e de tempo.**

E essa maneira é definida por 5 regras que iremos ver agora.

3. A liberdade financeira dos Verdadeiros Ricos

As 5 regras funcionam assim:

"Eu sei que eu alcancei a minha liberdade financeira quando..."

1. ... minha renda passiva excede os custos do meu estilo de vida.
2. ... eu posso viver onde eu quiser no mundo.
3. ... eu só me envolvo, relaciono e trabalho com pessoas interessantes e que eu tenho vontade de conhecer.
4. ... eu trabalho em projetos que me motivam e que me permitem desenvolver o meu melhor trabalho.
5. ... eu trabalho de onde quiser fazendo os meus próprios horários – ou simplesmente não trabalho sem afetar o quanto eu ganho.

Essas são as 5 regras da liberdade financeira que os VRs seguem. Agora repare em um detalhe que talvez tenha passado despercebido:

Em nenhuma dessas regras está escrito "ter R$ 1.000.000" ou algo do tipo. Se você quiser, ótimo. Não há nada errado nisso. Agora entenda que não é obrigatório. E isso faz toda diferença.

Aliás, há outra importante distinção que os VRs entendem:

4. Experiências valem mais que posses

Minha vida é bem simples. Tudo o que realmente preciso cabe em uma mala de mão (que não preciso despachar) e uma pequena mochila na qual levo meu "escritório".

E apesar de eu hoje ganhar o suficiente para poder comprar mais coisas e inclusive gastar em besteiras – daquelas caras em cima de 4 rodas –, eu não faço isso. E por que o faria?

Desde que eu comecei nesta jornada, em 2010, o máximo de tempo que permaneci num mesmo lugar foi em Barcelona, durante 2 anos. Porque gostava muito de lá. E lá o transporte público é perfeito. Perfeito e "inútil" na verdade.

Durante os 2 anos que estive lá, o meio de transporte que eu mais usava era uma bicicleta. E que também não era minha. Eram daquelas públicas da cidade e que custava só 54 euros ao ano.

"Ah, mas e se você precisa viajar?"

Avião. Ônibus. Trem. Aluguel de carro.

São zilhões de opções. E o melhor: eu não preciso ser dono de nenhuma delas. Porque basta lembrarmos do que você aprendeu antes:

Eu não quero ser ou ter as coisas que um milionário teria...

... eu quero **viver** como um.

E em nenhum lugar está escrito que preciso comprar ou ser dono de tais coisas.

Se você quiser ter seu apartamento ou o seu carro, é a mesma ideia de se tornar um milionário:

Ótimo. Não tem problema algum. Você é livre para escolher exatamente o que você quer ter e o que faz você feliz.

Só mantenha em mente de novo a mesma ideia:

Você não é obrigado.

Nenhum desses itens ou posses vai deixar você mais ou menos feliz por si só. Somente o valor que você atribui a tudo isso que vai aumentar ou diminuir a sua felicidade.

Não caia na armadilha de achar que você tem que fazer ou ter tais coisas para ter uma boa vida. É esse mesmo tipo de armadilha que nos empurra com "salários", "aposentadoria" e a promessa de estabilidade.

Você é livre para viver exatamente como você bem entender.

E essa é a beleza de ser um VR.

O que me leva à 5ª e última distinção. Tão importante que mudou minha vida. Uma que eu acredito que pode mudar a sua também.

Uma Pergunta de 7 Palavras Que Pode Mudar A Sua Vida

"Se você tivesse uma chance, uma oportunidade, de conseguir tudo o que você sempre quis... em um único momento... Você a agarraria? Ou deixaria ela escapar?"
— Marshall Bruce Mathers III

A pergunta é a nossa Nova Distinção nº 5:

5. "Quanto tempo leva para eu ser LIVRE?"

Muitas pessoas vivem em busca da resposta da seguinte pergunta: "Quanto tempo leva para eu me tornar um milionário?"

Quando me perguntam isso eu conto a verdade:

Eu demorei 5 anos e meio desde que descobri as verdades que venho contando aqui pra você. E para que fique claro:

Todas as viagens e experiências que tive e contei pra você aqui aconteceram bem antes de eu sequer ter R$ 100.000 no banco. Muito menos R$ 1.000.000. E é por isso que quero que você entenda que o grande segredo é esta distinção:

Faça as perguntas erradas... e você terá as respostas erradas.

Faça as perguntas certas... e veja, entusiasmado, como tudo muda.

Por isso, em vez de se preocuparem tanto com "em quanto tempo podemos virar milionários", as pessoas deveriam se preocupar em primeiro fazer a pergunta certa. E esta, sim, vale mais de R$ 1.000.000:

"Quanto tempo para ser **livre**?"

É com as perguntas certas que você consegue melhores respostas. Isso é fácil de entender se compararmos essa situação com duas perguntas em uma discussão de um casal.

Na primeira o homem pergunta para a mulher:

"Por que você age sempre assim? Você só pensa em você e não consegue entender o meu lado?!"

Agora compare com a mesma situação, mas com uma pergunta completamente diferente:

"Eu imagino que, assim como eu, você deve ter motivos para ter agido assim. E isso não é certo ou errado. Só queria entender como você se sente com tudo isso porque talvez tenha algo que eu não estou enxergando. Assim podemos resolver isso juntos. Pode ser?"

O objetivo de ambas as perguntas é o mesmo: resolver um desentendimento pelo qual o casal está passando.

E podemos ver claramente que a segunda pergunta teria uma resposta BEM diferente da primeira. O marido, na segunda, se mostrou muito mais aberto e disposto a ouvir a esposa para tentar chegar ao que está por trás de seu comportamento.

Essa é a diferença na resposta ao fazermos a pergunta certa.

Agora fica outra pergunta muito importante no ar:

Que perguntas você tem feito para si mesmo?

São boas? São inspiradoras? Põe você para baixo... ou dão ânimo para fazer mais e mais?

De repente você faz como muitos que já começam com a pergunta totalmente errada:

"Por que nunca dá certo para mim?!"

Só de começar com uma pergunta assim, você automaticamente já assume várias coisas erradas sobre você mesmo. Por exemplo:

— Você não está certo nem nunca vai estar.

— Você não sabe o que faz.

— Você não tem as habilidades certas.

— As habilidades que você tem não são suficientes para gerar qualquer resultado positivo.

— Todo mundo lá fora consegue, menos você.

— E a lista segue.

Percebe quão nociva uma pergunta errada pode ser? Percebe o poder negativo que uma simples pergunta assim pode causar em você? Na sua confiança? Na sua autoestima? No seu *mindset*?

Por isso, preste bastante atenção: cuidado com as perguntas que você faz dia após dia.

São elas que controlam sua atenção e sua percepção do mundo.

O Objetivo É Ser Livre, O Resto É Pura Diversão

"Só existe uma forma de sucesso — poder viver sua vida do seu jeito."
— Christopher Morley

Entenda bem isso porque é importante:

O objetivo aqui é, antes de tudo, ser livre. No sentido mais amplo da palavra.

Depois disso é pura diversão. São bônus que você ganha por continuar jogando o jogo.

Quer ser milionário? Ótimo. Primeiro seja livre. Depois escolha ser milionário.

Quer ter seu apartamento próprio pago? Ótimo. Primeiro seja livre. Depois escolha ter seu apartamento próprio.

Quer poder participar do Rally Dakar no próximo ano? Ótimo. Primeiro seja livre. Depois escolha participar do Rally Dakar.

Percebe a distinção?

Ser milionário é difícil. Ser livre não. Até porque o maior obstáculo para ser livre está em nossa mente. E posso provar isso para você.

Ser livre se resume a 2 fatores:

1. Quanto você gasta.

2. Quanto você ganha.

É uma matemática que beira o ridículo de tão absurdamente simples, mas que simplesmente funciona:

Se você conseguir ganhar mais do que gasta, trabalhar com algo de que gosta e que possa fazer de qualquer lugar do mundo, então você está livre! E em todos os sentidos!

Simples demais para ser verdade?

Talvez. Mas confie em mim: é o simples que funciona.

Nós, seres humanos, temos uma crença limitante que nos faz acreditar que, para que algo seja real e funcione, precisa ser complicado. Afinal, se fosse tão simples assim, como não descobrimos antes?!

E isso é verdade. O problema é que antes, nessa simples equação para sermos livres, tinha uma diferença:

A maioria tentava ser livre somente mexendo no 1º fator: quanto você gasta.

E era desse erro que vinham os ditos conselhos de cortar o cafezinho. E não parava por aí:

Não só as pessoas não viam maneira de como ganhar mais e de maneira rápida o suficiente, mas também não viam como fazer isso de um jeito diferente e também de qualquer lugar! Geralmente estavam aprisionadas pelo emprego em alguma cidade do país acreditando que esse era o máximo que poderiam alcançar.

Estavam. Porque isso mudou.

E são os VRs que estão liderando essa mudança. A mesma mudança para a qual eu agora, através deste livro, convido você a participar e se juntar.

Realmente precisamos de pessoas comprometidas para mudar as coisas. Pessoas com os valores certos em mente. Que não têm medo de arregaçar as mangas e trabalhar por um bom objetivo.

Os benefícios são muitos conforme você vai ver. E mais:

Não é só na parte de quanto podemos ganhar que as coisas têm mudado.

Há também maneiras radicalmente diferentes de viver a vida com muito menos. E de novo porque isso é importante:

Não é cortar o café e viver sofrendo. Ou viver na rua. Ou se limitar e deixar de viajar ou fazer algo que você quer fazer "para economizar". Bem pelo contrário.

É redefinir as prioridades. É investir seu dinheiro onde vale a pena. Onde ele tem impacto direto sobre você e sobre como você se sente na sua vida.

No momento que você não está mais preso em determinada cidade ou lugar, você é livre para viver onde quiser. E esse lugar pode ser, por exemplo, Barcelona. Foi exatamente nessa cidade que decidi morar por um tempo e adivinha só:

Em Barcelona eu não precisava de um carro para me locomover.

Melhor até. Porque eu prefiro não ter. Prefiro me locomover com uma bicicleta sempre que possível. E em último caso usar um táxi.

Decidindo por um caminho assim, você logo de cara cortaria um gasto enorme de sua vida. Um gasto que muitos não têm noção do tamanho.

Muitos olham só o preço da parcela e se esquecem de todos os outros custos escondidos na compra de um carro. Consertos, pedágios, seguros, gasolina, manutenção, parcelas e diversos outros custos aparecem no meio do caminho.

Dinheiro este que você agora pode reinvestir em experiências que valem a pena. Lembre-se da Nova Distinção nº 4: experiências valem mais que posses.

E isso é só um exemplo.

Para que você entenda melhor como controlar esses 2 fatores, quanto gasta e quanto ganha, agora aprender outras importantes lições.

A primeira tratará do que vale a pena nesta vida. Que são o que eu chamo dos 3 pilares dos VRs.

Depois vamos dar uma olhada em algo que você pode começar de casa ou de onde bem entender, para aumentar quanto você ganha. Essa pode inicialmente ser somente uma fonte de renda extra. Mas talvez aconteça como foi para mim e para tantas outras pessoas e se torne sua fonte principal de renda.

APL: Ações Para a Liberdade

Faça agora uma lista com todos os seus gastos. Tente ser o mais fiel possível à realidade. Em seguida, comprometa-se em monitorar exatamente quanto você gasta por pelo menos uma semana. Talvez você se surpreenda.

Esse é somente o primeiro passo.

Você precisa saber na ponta do lápis em quê o seu dinheiro está indo. Até recomendaria fazer o mesmo com seu tempo. Mas por ora vamos focar no dinheiro.

Depois desse exercício, seja brutal – questione tudo!

Você realmente precisa desse gasto?

Você precisa ir a determinado restaurante?

O que realmente contribui para sua felicidade e para sua qualidade de vida?

Ao fazer perguntas assim você conseguirá descobrir e controlar esse importante fator: quanto você gasta.

Com esse controle, depois veremos como melhorar o segundo fator: quanto você ganha e com o quê.

Os 3 Pilares Dos Verdadeiros Ricos

"Dois amigos estavam em uma festa de um bilionário extravagante quando um falou: 'Uau! Olha tudo o que esse cara tem!'. Nisso seu amigo respondeu, 'Sim, mas eu tenho algo que ele nunca vai ter – o suficiente'."

— Derek Sivers vendeu sua empresa por US$ 22 milhões e doou todo o dinheiro

Você aprendeu que tornar-se livre não é tão difícil. Tudo o que você precisa é controlar 2 fatores: quanto você gasta e quanto você ganha.

Lembre-se: se você ganha mais do que você gasta e pode trabalhar quando e onde quiser, então você é livre.

Agora, para ajudar você a fazer as escolhas certas sobre o quanto você gasta, é importante entendermos o conceito dos 3 pilares dos VRs.

São esses pilares que eu sempre considero ao tomar uma decisão. Porque eu sei que são eles que irão ditar 95% da minha felicidade e qualidade de vida. O resto é, bem, o resto.

Aqui os 3 pilares:

1. Saúde.
2. Relacionamentos.
3. Liberdade.

É importante entender bem esses 3 pilares para evitar que você caia em algumas das armadilhas que comentamos nas páginas anteriores. Ou até correr o risco de virar o que é hoje quase um clichê extremamente triste:

Pessoas que possuem carros e televisões muito melhores e mais caras do que suas condições permitem ter.

Passam fome... mas aparentam comer bem.

São infelizes... mas mantêm o status.

Vivem miseravelmente... mas nas redes sociais estão sempre sorrindo.

É uma triste realidade. Uma que eu aconselho você a evitar. A verdade é o seguinte:

Se você conseguir desvincular quão feliz e realizado você é do que as pessoas acham ou pensam sobre você, suas chances de sucesso aumentam. E em todos os sentidos.

Para que isso aconteça, já aprendemos algumas importantes distinções ao longo deste livro.

Agora vamos expandir e conversar sobre os **3 pilares dos Verdadeiros Ricos.**

1º Pilar: Saúde

> "As melhores coisas da vida não são coisas."
> — Art Buchwald

Já no primeiro pilar há um erro que muitos cometem. Porque eu tenho certeza de que se eu perguntar para as pessoas se elas acham que sua saúde é importante, 100% dirão que sim.

Mas se 100% dizem que sim... por que 95% ignoram completamente essa verdade?!

A maioria das pessoas não cuida da própria saúde, não se alimenta bem, não faz exercícios físicos diariamente e não segue todas as recomendações que os médicos nos passam há anos.

Sabemos a verdade... mas custamos a agir de acordo.

Você provavelmente já deve ter ouvido mais de uma vez a história:

Pessoas que tinham tudo em termos de sucesso financeiro... mas que morreram cedo demais para aproveitar. Passaram tempo demais trabalhando e tempo de menos cuidando de si mesmas.

É isso que quer para você? Tenho certeza de que não. Por isso tenha bem claro e mantenha em mente o tempo inteiro:

Sua saúde e seu corpo são os bens mais preciosos que você possui.

Trate-os com cuidado. Muito cuidado.

Alimente-se bem. Exercite-se. Descanse bem.

Trate seu corpo como seu melhor amigo. Porque a verdade é que ele é. E ele vai ficar com você até o resto de sua vida.

Eu faço esporte praticamente todos os dias. Tiro no máximo um dia por semana para deixar o corpo se recuperar das atividades físicas. Na minha "rotina" normal, sempre há espaço para esportes.

É algo de que não apenas gosto muito, mas do qual tiro muitos benefícios. O bem que me faz é impagável. Sinto-me muito melhor em relação ao meu corpo, mente e disposição.

Academia, futebol, corrida, escalada, bicicleta, surfar, e a lista segue. Sempre dou um jeito de encaixar uma atividade física no meu dia a dia.

Não sou o primeiro nem o último a aconselhar a cuidar do corpo. Ainda assim vale reforçar aqui que a atividade física é um importante pilar dessa mudança em sua vida. A qual você deve prestar bastante atenção.

2º Pilar: Relacionamentos

> "A jornada é melhor medida em amigos, e não em metros."
> — Tim Cahill

Um dos meus filmes preferidos se chama *Na Natureza Selvagem* (*Into The Wild*, 2007).

Esse filme é o relato de uma história real na qual Christopher McCandless (interpretado por Emile Hirsch) resolve largar tudo e se mandar. Faz isso para viver no meio da natureza, alimentando-se do que conseguia caçar e encontrar na floresta. Realmente viver a vida em seus próprios termos.

Em um ponto do filme ele chega a uma importante conclusão:

"A felicidade só é real quando compartilhada."

Nada poderia ser mais verdade.

Mesmo a pessoa dita "solitária" tem no fundo uma necessidade de se conectar a outras pessoas, desenvolver relacionamentos. Isso não é algo que ela escolhe. Isso está lá programado em nossos genes já há muito tempo. E não vai mudar tão cedo.

A Universidade de Tecnologia de Swinburne, na Austrália, mostra como a solidão pode levar ao desenvolvimento de problemas como a ansiedade social, depressão e paranoia. Realmente não fomos criados para ser solitários; pelo contrário – nosso corpo exige que sejamos bastantes sociáveis.[17]

A pessoa pode até escolher viver uma vida sozinha. Mas ao fazer essa escolha ela estará constantemente lutando contra um instinto natural e genético. E isso não é nada fácil.

---

17. A solidão pode prejudicar a sua saúde mental, revela pesquisa. *Galileu*, 7 jul. 2016. Disponível em: <www.revistagalileu.globo.com/Ciencia/noticia/2016/07/solidao-pode-prejudicar-sua-saude-mental-revela-pesquisa.html>. Acesso em 20 jan. 2017.

Por isso priorize os relacionamentos que você tem. Seja com seus amigos, familiares e esposa(o). Eles fazem essa vida valer a pena.

Inclusive, outra armadilha em que muitos caem é, novamente, a questão do salário. Muitos acreditam que trabalhando mais, trarão mais felicidade para aqueles que amam, como familiares e amigos. E até parece lógico, certo? Afinal, você terá uma condição melhor de oferecer mais segurança e tudo o que precisam.

O problema é que isso esconde algo importante. Afinal, com certeza prover quem amamos é importante, mas tanto quanto ou talvez até mais importante é poder estar com eles quando precisam.

Quanto vale prover sua família se toda vez que você chega em casa seu filho já está dormindo?

Quanto vale a segurança se no próximo sábado você vai perder, pela 5ª vez, o aniversário de casamento ao qual prometeu que iria comparecer, mas estará no escritório preocupado em bater metas?

Percebe como muitas vezes as coisas não são tão simples assim?

É preciso um equilíbrio. Com certeza trabalhar para ter melhores resultados financeiros é bom, mas aproveitar cada dia para desfrutar o que você tem hoje é melhor.

3º Pilar: Liberdade

> "Os dois dias mais importantes da sua vida são o dia que você nasceu e o dia que você descobre por quê."
> — Mark Twain

Aqui tratamos do objetivo principal deste livro: sermos livres.

Em todos os sentidos, como vimos nas 5 regras da liberdade financeira.

Sermos livres para escolher onde moramos...

Sermos livres para escolher com quem nos relacionamos...

Sermos livres para escolher onde, quando e como trabalhamos...

E não confunda: muitos acham que a liberdade financeira é somente um privilégio de quem tem muito dinheiro. O que já vimos que não é verdade.

Sim, ter muito dinheiro com certeza ajuda. Inclusive, ajuda com coisas muito importantes, como saúde, segurança e educação. Mas o dinheiro por si só – e principalmente quando sobra além da conta – é somente um bônus.

Se você acredita que é só quando tiver muito dinheiro que seus problemas estarão resolvidos e que aí sim você poderá ser feliz, então eu tenho uma péssima notícia:

Você não poderia estar mais enganado.

Dinheiro ajuda a resolver um monte de problemas que estão no caminho da dita felicidade. Mas garanto: não é um ou dois zeros a mais no final do balanço da sua conta que vão deixar você mais feliz.

Até certo ponto, dinheiro vai fazer diferença sim.

Depois desse ponto, a felicidade não depende mais do dinheiro em si.

E hoje, aqui, nosso objetivo é corrigir o seguinte:

— Se você não tem dinheiro e isso atrapalha o atendimento de suas necessidades básicas, vamos ver como você pode ganhar mais trabalhando em casa.

— Se você já tem dinheiro para as necessidades básicas, mas é infeliz, então vamos ver como trabalhar com algo que faça mais sentido para você. E de qualquer lugar que você quiser.

APL: Ações Para A Liberdade

Pegue papel e caneta – ou use o que preferir – e faça uma lista com os 3 pilares que vimos: saúde, relacionamentos e liberdade.

Agora faça um inventário e avalie, sem distorcer, como você está em cada uma dessas áreas.

Liste desde ações cotidianas que você faz para melhorar nessas áreas, para se cuidar, até as coisas que você não faz e que gostaria de poder fazer (como um esporte, por exemplo). Liste também indícios externos que você recebe sobre como essas áreas estão indo (como reclamações dos filhos, exames médicos com alterações preocupantes).

— Há alguma área que está para trás?
— Algo que você poderia melhorar?
— Que objetivos *específicos* você poderia definir para melhorar em cada uma delas?

É sempre bom manter em mente esses 3 pilares. Sem um deles, não há sustento.

Em seguida, tente estabelecer até 3 objetivos específicos para cada área os quais poderiam trazer melhorias significativas. A dica aqui é definir esses objetivos de acordo com um prazo para cumpri-los e o resultado que você espera de cada um deles. Além disso, estabeleça uma rotina para avaliar como está indo em relação a esses objetivos e monitore as melhorias em cada pilar.

É fundamental cuidar bem de cada um dos 3 pilares porque eles estão interligados. Se não se sente livre, isso mina seus relacionamentos, você se sente menos disposto e, consequentemente, isso causa impacto na sua saúde. Se é o pilar da saúde que anda mal, será muito mais difícil manter seus relacionamentos ativos e conseguir aproveitar a vida... E assim por diante.

Como Conhecer 48 Países Sem Parar De Trabalhar Ou Ter Que Pedir Férias No Trabalho

"Viajar é a única coisa que você compra que o torna mais rico."
—Anônimo

Todos esses questionamentos, conceitos e pilares são importantes para irmos atrás de nosso objetivo principal: sermos livres.

A ideia é realmente criar uma vida que você não precise de férias para fugir dela.

Daí que surgiu a ideia e conceito do livro – Férias Sem Fim.

Para que isso aconteça aprendemos importantes conceitos e distinções:

— Que não precisamos ser milionários para viver como um.

— Que podemos ser livres ao controlarmos quanto gastamos e quanto ganhamos.

- E também quais são os três pilares dos Verdadeiros Ricos e por que eles são tão importantes.

Por último e antes de continuar, precisamos redefinir o conceito de férias. Por quê? Porque, assim como muitas outras mentiras e falsas promessas, muitas pessoas desejam o tipo errado de "férias".

Geralmente o que as pessoas desejam é o seguinte:

Não fazer nada o dia inteiro deitado na areia da praia. De repente comendo alguns aperitivos e tomando uma boa cervejinha ou sua bebida de preferência.

Para quem vive uma vida alucinada de 14 horas de trabalho por dia isso até pode parecer uma boa ideia. Só tem um problema:

Não tem como aguentar isso mais que uma semana.

Exagerando bastante, talvez você aguente um mês.

Eu pessoalmente não aguento nem um dia. Isso porque eu já atingi o objetivo que quero ajudar você a alcançar:

Eu arquitetei e criei uma vida de **liberdade financeira** na qual eu não preciso de férias para fugir dela.

Uma vida de Férias Sem Fim.

E como ela é "Sem Fim", é diferente da maioria. Aqui algumas diferenças:

- Férias não é para ficar "o tempo inteiro sem fazer nada". Isso é enlouquecedor e muito chato.

- Férias são para serem aproveitadas com atividades, seja viajar, fazer esportes, participar de eventos etc. Ter férias realmente ativas.

- Eu não fico sem trabalhar em absolutamente nada durante as minhas férias.

E isso acontece por dois motivos:

O primeiro é porque eu escolhi com o que eu trabalho. E eu gosto muito do que escolhi. Pense assim:

Suponha que, como eu, você goste muito de jogar futebol.

Você se dedica para melhorar sua habilidade e jogar mais. Você agora se diverte mais porque consegue correr mais e jogar melhor. O que você faria depois?

Pararia de jogar porque agora chegou ao seu nível máximo?

Ou você continuaria jogando porque simplesmente é pura diversão?

Eu não tenho dúvida do que eu faria. Tanto que costumo jogar ao menos duas vezes por semana.

E a mesma ideia se aplica ao que eu faço como "trabalho":

É algo que eu gosto muito de fazer. Que realmente me desafia e me faz crescer. Que me dá aquela sensação de prazer por ver o crescimento das coisas.

Sabe aquele sentimento de "missão cumprida" depois de fazer um exercício físico? Ou de fazer alguma atividade que você gosta benfeita? É a mesma coisa. Como escrever este livro, por exemplo.

Eu não quero trabalhar 12 horas por dia...

... mas também não quero ficar 12 horas por dia sem fazer nada!

O segredo está no **equilíbrio**.

Isso fica bem claro na rotina que eu tinha quando morei por cerca de 2 meses em Bali, na Indonésia. Lá eu já operava no modo "Férias Sem Fim" e a minha rotina era algo assim:

— 7h30: acordava e tomava um bom café no hotel (sai mais barato que muitos aluguéis em São Paulo em que nem café você tem!).

— 8h30: começava a trabalhar. Como escrever meu livro ou um artigo, por exemplo.

— 13h: saía para almoçar. Custo? Geralmente em torno de R$ 5 para uma ótima refeição completa. Ou R$ 10 se estivesse "esbanjando". Isso porque lá, com a diferença de câmbio, era muito mais barato comer fora.

— 14h: trabalhava mais um pouco. Geralmente lidando com e-mails e similares.

— 15h: fechava o laptop, pegava minha prancha e ia para a praia com minha *scooter* (R$ 17 por mês para alugar e R$ 7 para encher o tanque três vezes ao mês).

— 15h às 19h: surfava até o sol se pôr no mar e apreciava a beleza daquela paisagem.

— 19h: tomava uma Bintang (cerveja local) na beira da praia apreciando as cores refletidas no mar e ia para casa.

— 20h: depois de tomar banho e me vestir, saía para jantar.

— 21h: de volta para casa, conectava para falar com alguns amigos ou ver alguma série.

— 23h: dormia já pensando nas ondas do dia seguinte.

Perceba que tem ali cerca de cinco horas e meia de trabalho. E garanto pra você: esse tempo de **trabalho focado**, quando você está descansado, rende muito mais que 12 horas estressado depois de enfrentar trânsito e aguentar seu chefe.

O que achou dessa rotina?

E o melhor de tudo não é só isso: você não precisa gostar de Bali. Nem de surfar. Nem de cerveja. Nem de praia. Esse é o ponto-chave aqui:

Você é 100% livre para escolher e criar sua rotina exatamente como quiser.

Foi seguindo uma rotina assim que consegui em alguns anos conhecer 48 países. Obviamente isso só foi possível porque eu tinha a plataforma certa para gerar renda suficiente para financiar minha viagem. O resto do livro é dedicado justamente a mostrar com isso foi feito e como você pode fazer a mesma coisa.

É aí também que você irá aprender como funciona o que eu chamo de Modo Produção e Modo Manutenção. Isso faz parte da minha metodologia de como você pode obter resultados parecidos.

É seguindo esse modelo que você terá em mãos uma maneira de trabalhar e viver onde e quando quiser. E com isso abre um leque de oportunidades do que você pode fazer, como:

Quer alugar um chalé por uma semana nos Alpes Suíços e aproveitar para melhorar sua habilidade no *snowboard*? Ótimo:

Não trabalhe nada nesta semana e depois compense na outra se precisar. Até porque, como você já vai ver, se fizer o que eu recomendo, quanto você ganha não dependerá de quantas horas trabalha.

Viajou para a Costa Rica e vai ficar lá por 3 meses para melhorar seu nível de surfe? Perfeito: trabalhe 2 horas por dia 3 vezes por semana só para manter as coisas rodando e surfe o resto dos dias.

Decidiu criar um novo projeto muito interessante para uma nova fonte de renda e quer se dedicar a isso? Tranquilo: escolha um lugar agradável onde viver e dedique 6 a 8 horas por dia para colocar seu projeto no ar.

De novo:

Você é livre para viver nos seus próprios termos.

O resto é pura diversão.

O resto é bônus.

O resto é legal... mas não é obrigatório nem essencial.

E isso faz toda diferença.

Como Tornar-Se Um Verdadeiro Rico Seguindo Um Passo A Passo Comprovado

> "Muitos passam a vida pescando sem saber que não é peixe o que eles querem."
> — Henry David Thoreau

Acho que ficou claro nosso objetivo: ser livre.

A pergunta que fica agora é a seguinte: como fazer isso?

Controlar quanto gastamos é algo mais simples. Basta uma mudança de mentalidade e atitude com base nos três pilares da verdadeira riqueza.

Agora, como fazer para aumentar quanto ganhamos?

Como poder trabalhar de onde e quando quisermos?

Como criar uma nova fonte de renda para futuramente substituir nosso emprego?

É exatamente isso que vamos ver a partir de agora.

SEÇÃO 3
EXECUÇÃO

Como Ganhar De R$ 3 a 20 mil Em 90 Dias

> "Faça ou não faça. Não existe tentar."
> — Mestre Yoda

Você agora irá aprender exatamente qual foi a alternativa que encontrei que:

— Me gerou de R$ 3.000 a R$ 20.000 em 90 dias trabalhando cerca de 1 a 2 horas por dia.

— Permite que você trabalhe de onde quiser.

— Permite que você trabalhe nos seus próprios horários.

— O faz trabalhar com algo de que realmente goste e no qual tem interesse.

Curioso? Ótimo. Porque é sobre isso que vamos falar agora. Só antes um aviso:

É possível ter esse tipo de resultados de diversas maneiras.

Aqui vamos ver uma delas – a que eu recomendo e a qual acredito que dê mais resultados. Agora tem uma maneira que com certeza não funciona. Sabe qual é?

Aquela em que você "não faz nada".

Quero ser direto aqui para que você entenda: isso envolve, sim, trabalhar. A diferença é que se trata de um trabalho feito de maneira inteligente. A minha ideia é até simples: sei que muitos não têm medo de trabalhar em si, mas têm medo de perder tempo ou de ir na direção errada.

É exatamente para essas pessoas que escrevo este livro.

O que eu mais quero é, para aqueles que não têm medo de arregaçar as mangas e trabalhar um pouco na luta de seus sonhos e objetivos, ao menos apontar na direção certa. Para que assim a pessoa possa trabalhar sem medo, ciente de que está no caminho certo.

Se esse é você, excelente – você está, então, no lugar certo.

Para tornar isso realidade, primeiro apresentei para você os Verdadeiros Ricos. Os VRs são pessoas que vivem uma vida diferente da maioria. São pessoas que entendem as Novas Distinções dos VRs e põem em prática essas diferenças.

Como vimos, a pergunta certa é "quanto tempo para ser livre?", e não "quanto tempo para ser milionário?". E a resposta a ela se resume em dois fatores:

— Quanto você gasta.

— Quanto você ganha.

Já vimos alternativas de como você pode ter um estilo de vida mais prazeroso mesmo gastando menos. Isso acontece ao fazer escolhas inteligentes e priorizar os três pilares dos Verdadeiros Ricos.

Depois prometi para você que ensinaria como lidar com o segundo fator: quanto você ganha. Porque vamos admitir:

Depender apenas de seu salário não vai levar a lugar algum.

Você **precisa** de uma alternativa. E é sobre essa que eu quero falar agora.

O Veículo De Renda Preferido Dos Verdadeiros Ricos

> "1995. US$7 no meu bolso. Eu sabia duas coisas: eu estou quebrado pra burro e um dia eu não vou estar."
> — Dwayne Johnson, The Rock

Você lembra ainda de uma das regras da liberdade financeira? A primeira delas dizia:

"Eu sei que eu alcancei a minha liberdade financeira quando... minha renda passiva excede os custos do meu estilo de vida."

A pergunta que fica então é:

Como ter essa tal renda passiva?

Para que fique claro caso você não conheça o termo:

Renda passiva é aquela renda que, uma vez estabelecida – comprando, criando ou investindo –, continua a gerar renda sem que você faça mais nada. Ou seja, de forma passiva.

Sim, isso significa que você pode estar no cinema, na praia ou dormindo e o seu investimento está lá trabalhando para você. Gerando renda dia após dia, minuto após minuto.

Óbvio que isso soa ótimo. E não é à toa que muitos almejam isso. Mas de novo voltamos à pergunta que interessa: como você pode ter uma renda passiva assim?

Talvez você até conheça alguma das alternativas que vejo as pessoas indicarem. Você poderia, por exemplo:

1. Comprar um imóvel, alugá-lo e viver dessa renda.
2. Investir em uma empresa e viver do lucro que ela gera.
3. Investir em boas ações pagadoras de dividendos e viver disso.
4. Comprar máquinas automáticas de vendas de produtos.
5. Investir no Tesouro Direto.
6. Emprestar dinheiro para terceiros e viver dos juros.
7. Licenciar música.
8. Criar um aplicativo.

E a lista segue....

E todas essas alternativas realmente fazem sentido. Se você conseguisse uma ou mais delas seria muito bom. Só tem um problema:

A maioria exige tanto um conhecimento avançado como também um capital extra para começar. Fora o risco envolvido.

Se você tem um bom capital para começar e quiser começar investindo na bolsa, por exemplo, ótimo. De repente, você consegue uma boa renda aí.

Agora, se você é como eu que, quando comecei, não tinha nem R$ 5.000 para investir em algum lugar, então precisa de uma alternativa.

Até porque, mesmo que você invista esses R$ 5.000 em alguma boa aplicação, considerando que magicamente você consiga 15% ao ano, ano após ano, sabe quanto isso dá?

R$ 750 de retorno. Por ano.

Sem contar que a inflação come boa parte desse rendimento, como vimos antes. Por isso fica a pergunta:

Você consegue viver com R$ 750 ao ano?

Tenho certeza de que não.

Por isso eu precisava de outra alternativa.

Uma que me possibilitasse começar com um baixo investimento e baixo risco. Uma que me permitisse testar e ver se funcionava antes de investir uma quantia muito alta. E felizmente há uma.

A Nova Economia: O Verdadeiro Segredo De Por Que Surgem 19 Novos Milionários Por Dia No Brasil

> "A maior recompensa em tornar-se um milionário não é a quantidade de dinheiro que você ganha, mas sim a pessoa que você antes precisa ser para tornar-se um milionário."
> — Jim Rohn

Vivemos hoje na Nova Economia.

Uma mudança brusca que derrubou por terra algumas regras do passado. Há mudanças como:

1. Trabalhadores de todas as partes do mundo em uma empresa local.
2. Serviço terceirizado para países como Índia, Rússia, China e outros (eu pessoalmente já contratei gente desses três países).
3. Possibilidade de trabalhar on-line de onde quiser.

Muito da Nova Economia está baseado no comércio eletrônico. E essa é uma indústria que vem crescendo em um bom ritmo. Muito acima de qualquer outra indústria hoje.

Para você ter uma ideia, entre 2012 e 2016, a indústria do comércio eletrônico **dobrou** de tamanho. Passou de R$ 22.500.000.000 para R$ 44.600.000.000. Sim, estamos falando em bilhões de reais.[18]

E a tendência é continuar crescendo.

Nunca antes na história do Brasil tivemos tantos novos milionários. E nunca em tamanha velocidade.

São cerca de 19 novos milionários por dia de acordo com um estudo da *Forbes*.[19]

É um crescimento impressionante.

E qual foi o maior causador de todo esse crescimento? Está na nossa frente todos os dias:

A internet.

A capacidade de conectar e criar novos negócios foi muito alavancada com a ajuda da internet. Você consegue alcançar e vender para pessoas em qualquer parte do mundo, o que permite uma escala nunca antes vista.

A prova disso é a lista das 400 pessoas mais ricas do mundo publicada pela *Forbes* todos os anos. Na lista de 2016 encontramos o seguinte:

---

18. Informações disponíveis em <www.profissionaldeecommerce.com.br/e-bit-numeros-do-e-commerce-no-brasil/>. Acesso em 20 jan. 2017.
19. CASTANO, Ivan. Brazil's Booming Economy Is Creating 19 'Millionaires' Every Day. *Forbes*, 28 nov. 2011.

— Dessas 400 pessoas, 46 possuem menos de 40 anos.[20, 21]

— Desses 46, um pouco menos da metade veio do setor de tecnologia.

— E inclusive 3 se tornaram bilionários antes dos 30 anos!

A mensagem é clara:

Se você quer o caminho mais rápido e eficaz para ganhar dinheiro, é no setor de tecnologia que terá as melhores chances.

Esse é o poder da internet.

Esse é o poder que permite que a Nova Economia gire e crie novos milionários dia após dia. Só fica a pergunta:

Como usar todo esse crescimento a nosso favor?

Como achar nosso espaço em um mercado tão grande?

Não queremos construir negócios bilionários e aparecer nessa mesma lista da *Forbes*. Eu pelo menos não tenho essa pretensão. Só o que queremos é mais simples que isso:

O que queremos é ser livres.

E para isso há um mercado em particular, dentro de todo comércio eletrônico, que é o ideal para Verdadeiros Ricos criarem sua segunda fonte de renda. Essa que pode começar como um extra e talvez no futuro virar sua principal. Como aconteceu comigo e com tantos outros.

Em seguida vamos falar sobre isso em detalhes.

---

20. ROBEHMED, Natalie. The World's Youngest Billionaires 2015: 46 Under 40. *Forbes*, 2 mar. 2015. Disponível em: <www.forbes.com/sites/natalierobehmed/2015/03/02/the-worlds-youngest-billionaires-2015-46-under-40/#3cdad59a2d0f>. Acesso em 20 jan. 2017.

21. The World's Billionaires. Disponível em: <www.forbes.com/billionaires/list/>. Acesso em 20 jan. 2017.

O Seu Tíquete Para A Liberdade: Um Negócio Lifestyle

"Ninguém pode lhe dar liberdade. Ninguém pode lhe dar igualdade, justiça ou o que for. Isso não é dado – isso é conquistado."
— Malcolm X

Há uma maneira simples de entrar nessa indústria. Entrar e com isso conseguir criar uma fonte de renda extra.

Porém, para fazer isso preciso explicar para você o que são hoje conhecidos como **Negócios Lifestyle (NL)**.

Esses são pequenos negócios on-line com um único objetivo: financiar o seu estilo de vida com a menor manutenção possível.

Isso é bem diferente da maioria de outros negócios que vemos por aí. Sejam esses off-line ou on-line.

A maioria deles requer muitas horas e comprometimento para se manter. Negócios Lifestyle não. Isso se você fizer da maneira certa, como eu recomendo.

Um Negócio Lifestyle é definido pelo que é conhecido como as 5 leis de um NL. São elas:

- **Primeira Lei**: a renda gerada pelo NL deve ser, depois de criada, passiva.

- **Segunda Lei**: Um NL não pode tomar mais que 1 a 2 horas por dia para criar e manter.

- **Terceira Lei**: um NL deve poder ser criado com pouco dinheiro e baixo risco.

- **Quarta Lei**: um NL tem que ser algo que você possa fazer de casa ou de onde você bem entender.

- **Quinta Lei**: um NL permite que você escolha seus próprios horários para trabalhar.

Percebeu como as regras de um NL se assemelham às regras para a liberdade financeira? E pode ter certeza: isso não é por acaso.

Um Negócio Lifestyle é a resposta criada para você conseguir a sua liberdade financeira da melhor maneira, mais rápida e com o menor risco possível.

Mas o que é, como funciona e como você pode ter o seu Negócio Lifestyle?

Que bom que você perguntou. Porque é isso que vamos ver agora.

O Que É E Como Criar Um Negócio Lifestyle

> "Se você quer viver como poucos conseguem, precisa fazer o que poucos fazem."
> — Anônimo

Um Negócio Lifestyle é um empreendimento 100% on-line que atende às 5 leis, como vimos anteriormente. Tudo com o objetivo de gerar renda passiva para financiar o seu estilo de vida.

Para criar um NL assim – on-line e que gere a renda necessária para financiar nossa liberdade –, precisamos começar com a fundação certa, que é composta de 4 grandes fundamentos (4M). São eles:

1. Mercado.
2. Marketing.
3. Mídia.
4. Mercadoria.

Todos os negócios on-line irão invariavelmente se encaixar nesse modelo, independentemente do que for vender (que também iremos ver em seguida). E é com base nos fundamentos certos que eu criei o negócio que falei antes para você:

Um Negócio Lifestyle que me gerou de R$ 3.000 a R$ 20.000 reais em 90 dias, em 2015 ainda. Cito a data porque, por conta da inflação, esses valores podem parecer "pequenos", dependendo de quando estiver lendo este livro. Para ser mais preciso, foi assim:

— R$ 1.088,60 no 1º mês.

— R$ 1.688,40 no 2º mês.

— R$ 3.859,60 no 3º mês.

— R$ 4.703,40 no 4º mês.

— E R$ 19.979,75 no 5º mês.

Eu não sei se isso é muito ou pouco pra você. E dependendo de quando estiver lendo este livro – e por conta da inflação –, a percepção desses números pode mudar. Mas não importa. Porque o resultado é o mesmo:

Trabalhando on-line, nos meus horários e gerando esse tipo de renda, eu estava livre.

E esse projeto foi somente um desafio que eu criei para mim mesmo. A ideia?

Mostrar como era possível qualquer pessoa começar do absoluto zero. Começar daí e ainda assim ter excelentes resultados num curto espaço de tempo. Ou ao menos ao ponto de ter algo para, gradativamente, substituir o seu emprego.

Hoje o negócio rende mensalmente um pouco menos do que já rendeu no passado. Porque, como falei, esse foi somente um desafio. Um estudo de caso. Não é meu negócio principal, nem meu foco.

Tanto que nesse desafio eu não usei meu nome real (usei um nome artístico) e muito menos qualquer canal ou contatos que tinha antes de começar. Foi do zero mesmo. Zero seguidores. Zero presença. Zero conhecimento sobre o assunto em si.

O nicho escolhido?

Pets. Mais especificamente cachorros.

Por quê? Porque queria algo que não fosse nada relacionado com o que eu faço hoje e que apresentasse bom potencial (veremos mais sobre isso em seguida). E para mim esse parecia um bom nicho. Afinal:

Você já viu como famílias tratam seus cachorros?! É como se eles fossem membros delas!

Um Pequeno "Truque" Para Ter Carisma Instantâneo

Quer uma dica rápida de como ter mais carisma e simpatia com outras pessoas? Sejam leitores, clientes ou simplesmente amigos? É fácil:

Aja e fale como elas.

Nós gostamos de pessoas parecidas com a gente.

Se você fala e age como eu, você – na minha cabeça – deve ser tão legal, inteligente e carismático como eu mesmo me acho :)

Foi por esse motivo que eu passei a colocar a frase "Cachorro é como um filho!" em toda a minha comunicação. Porque era a frase que as pessoas mais usavam ao se comunicar comigo.

E, na verdade, há até mais cachorros que filhos nos lares brasileiros!

Segundo uma pesquisa do IBGE[22], 44,3% dos lares brasileiros possuem pelo menos um cachorro. São 52,2 milhões de cachorros no Brasil, ou seja, uma média de 1,8 cachorro por domicílio (dos que declararam, no censo, ter pelo menos um).

Para você comparar, no mesmo ano da pesquisa, foi constatado que havia 44,9 milhões de crianças até 14 anos. Ou seja:

Há mais cachorros que crianças nos lares brasileiros!

Então: Uma paixão irracional por pets...

---

22. Fonte: Brasileiros têm 52 milhões de cães (G1) <wwww.g1.globo.com/natureza/noticia/2015/06/brasileiros-tem-52-milhoes-de-caes-e-22-milhoes-de-gatos-aponta-ibge.html> Acesso em 27 jan. 2017.

Mais um mercado desse tamanho...

Talvez algo pudesse ser feito aí!

E feito foi!

Daí surgiu a ideia para criar o **Cachorro de 29 Anos**.

Um projeto focado em melhorar a qualidade e expectativa de vida dos cachorros com base em uma alimentação natural e saudável.

Isso porque descobri que rações comerciais são muito piores do que nos fazem acreditar. Cheguei a ficar assustado com o que descobria conforme pesquisava mais e mais. Fatos e cenas realmente chocantes.

Ao menos serviu como base para a ideia:

Vender um produto de informação – um infoproduto – que ensinasse a fazer receitas caseiras e saudáveis para o "bebê" da casa.

Os resultados são estes que já passei para você:

— Um negócio 100% on-line criado totalmente do zero.

— Em um nicho que eu nunca tinha trabalhado antes e sobre o qual não sabia nada em si além do que enxergava como oportunidade.

— Sem usar meu nome ou qualquer contato prévio.

— Trabalhando em casa.

— E apenas 1 a 2 horas por dia (porque eu tinha meus negócios principais para manter).

Nada mau, certo?

Gostaria de ter algo assim? Ótimo. Porque é exatamente isso que vamos ver agora. Só fique claro que:

É mais que importante que você entenda os fundamentos – os 4M – que vamos ver em detalhes a seguir. Ao entendê-los você poderá ir direto pelo caminho mais curto em vez de perder tempo com distrações.

Então, vamos ver agora uma visão geral do que é e de como funciona cada fundamento. Assim você terá uma boa base para começar.

Começaremos pelo 1º fundamento – o seu Mercado.

1º Fundamento: Mercado

"Se você fosse abrir uma lanchonete nova, qual vantagem gostaria de ter? Uma carne melhor? Pães melhores? Funcionários melhores? Localização? Eu só quero uma: um público morto de fome."
— Gary Halbert

Não adianta:

Você pode ter o melhor produto com o melhor marketing do mundo... mas se ninguém quiser comprá-lo, seu negócio irá quebrar.

A escolha do mercado certo para trabalhar é fundamental. E já é bom falarmos disso para desmascarar uma besteira que eu vejo por todos os lados:

"Faça o que você ama que o dinheiro vem atrás."

Soa lindo e maravilhoso... só esqueceram, talvez, de avisar o tal "dinheiro" para que ele venha atrás depois que as pessoas começassem a fazer o que amam.

Digo pra você:

Eu amo jogar futebol e comer churrasco.

Fiz, faço e vou continuar a fazer isso toda a minha vida. De preferência mais de uma vez por semana dependendo das condições e prioridades da semana.

Agora, mesmo "fazendo o que eu amo", eu garanto pra você:

O dinheiro *nunca* veio atrás.

Bem pelo contrário até: cada vez que eu "fazia o que eu amava" ele sumia rapidinho.

Mas então, o que fazer?

Deveríamos nós, então, só pensar em dinheiro? Sem considerar o que gostamos ou não de fazer?

Claro que não. Nem oito, nem oitenta. A resposta está no **equilíbrio**. Um equilíbrio daquilo que realmente gostamos de fazer, mas que também apresente potencial suficiente para financiar nosso estilo de vida. Em resumo:

Um Negócio Lifestyle.

Há diversas maneiras de escolher, avaliar e confirmar o potencial de um mercado. Vou mostrar algumas delas aqui e mais adiante indico para você onde encontrar ainda mais informações.

Agora uma dica rápida e prática que recomendo prestar atenção: os **Círculos de Convergência**:

1. Paixão.
2. Habilidade.
3. Demanda.

FÉRIAS SEM FIM SEÇÃO 3: EXECUÇÃO

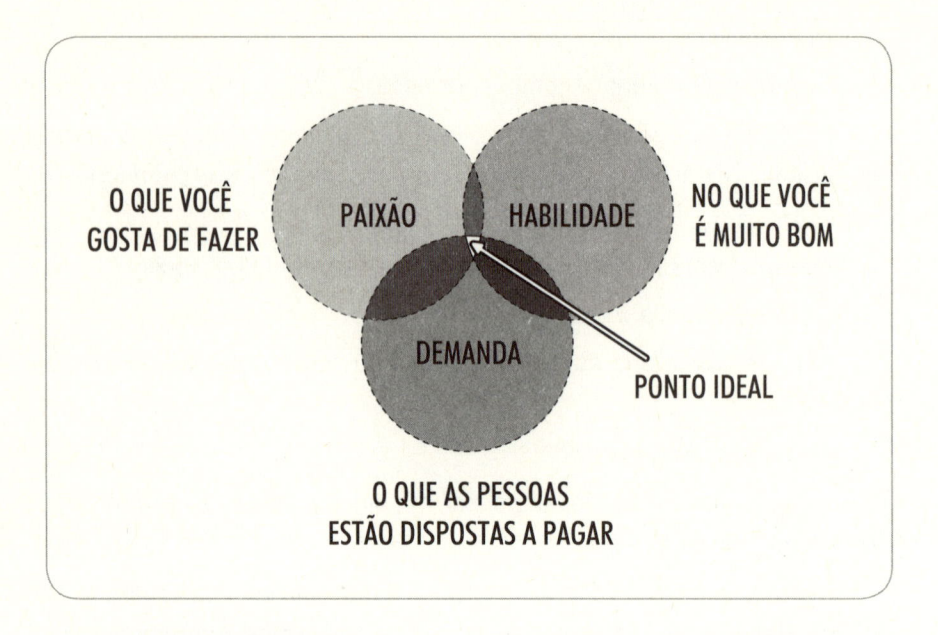

```
         PAIXÃO   HABILIDADE
O QUE VOCÊ                      NO QUE VOCÊ
GOSTA DE FAZER                  É MUITO BOM

           DEMANDA
                        PONTO IDEAL

         O QUE AS PESSOAS
       ESTÃO DISPOSTAS A PAGAR
```

A ideia é a seguinte:

Se você encontrar um mercado cujo assunto goste muito – a **Paixão**;

Em algo que você é muito bom e se destaca – a **Habilidade**;

E dentro de um mercado onde há pessoas interessadas no que você tem a oferecer – a **Demanda**.

Então suas chances de sucesso aumentam!

E quanto mais o seu mercado escolhido se encaixar nos 3 círculos, maiores serão suas chances de sucesso.

Mas sabe o que é engraçado?

Desses 3 círculos somente um deles é obrigatório para que um negócio tenha sucesso. E é justo naquele em que as pessoas geralmente *menos* prestam atenção.

Sabe qual é?

O círculo da **Demanda**.

Em outras palavras: o seu mercado.

Porque, de novo: você pode gostar muito do que faz e até ser muito bom nisso... mas se ninguém quiser seu produto, seu negócio irá falhar antes mesmo de começar.

Percebe como isso vai *diretamente contra* o ingênuo conselho de "faça o que você ama e o dinheiro vem atrás"?

Não ignore o que você gosta de fazer. Nem aquilo em que tem interesse e paixão. Mas sempre compare essa sua ideia com o 3º círculo e se pergunte:

"Há pessoas interessadas e dispostas a trocar seu dinheiro por algo dentro disso que eu tenho interesse?"

Porque depois, no 4º fundamento, vamos ver como transformar quase qualquer experiência, hobby ou interesse em um produto lucrativo. E que as pessoas queiram comprar!

Por enquanto mantenha em mente isto:

A escolha do seu mercado é muito importante na hora de criar um negócio on-line ou até mesmo físico.

A boa notícia é que hoje, com o alcance da internet, há diversas opções e mercados para escolher.

Pequenos nichos de mercado que no passado não seriam suficientemente lucrativos hoje apresentam um potencial enorme de lucro para quem se interessar!

Quando Nada Mais Der Certo, Faça Isso

Para exemplificar melhor o poder da escolha de um mercado, quero apresentar para você a Viviane R., uma cliente que vem tendo ótimos resultados.

A Viviane é uma psicóloga formada que tinha um interesse: mostrar como psicólogos poderiam escrever melhor textos e dissertações.

Bem específico, certo?

Tão específico que você pode até duvidar se isso teria algum potencial de vendas. E mais: algum potencial para se tornar um negócio 100% completo e financiar seu estilo de vida.

Com certeza você pode duvidar. Mas você estaria enganado.

A última vez que falei com ela, ela tinha ganhado só no último mês R$ 19.636,63, o que é quase 8 vezes mais que o piso salarial que um psicólogo deveria ganhar (e muitas vezes ganha até menos que isso).[23]

Nada mau, certo?

Qual a lição?

Se você não tiver ainda certeza de em que mercado atuar, comece com aquele que você já tem interesse ou conhecimento. Se esse for algum nicho pequeno e específico – como é o caso da Viviane –, ainda melhor.

Isso porque você conseguirá atender a um público pequeno muito bem sem chamar a atenção de grandes concorrentes.

E melhor ainda:

Há *milhares* desses pequenos nichos de mercado ainda abertos. Abertos para o próximo que se interessar em desenvolver algo aí. Como ideias, basta pegarmos alguns hobbies e interesses comuns e expandir:

— Como surfar melhor.

— Como esquiar melhor.

— Como [fazer qualquer esporte] melhor.

— Como tricotar.

— Como ganhar mais dinheiro.

— Como melhorar sua saúde.

— Como perder peso.

---

23. Quanto ganha um Psicólogo? Guia da Carreira. Disponível em: <www.guiadacarreira.com.br/salarios/quanto-ganha-um-psicologo/>. Acesso em 20 jan. 2017.

- Como ganhar peso.
- Como viajar pagando passagens mais baratas.
- Como programar.
- Como criar um aplicativo de celular.
- Entre tantas outras ideias.

Uma Maneira Rápida De Encontrar Uma Ideia Lucrativa

Tenho um cliente de longa data chamado Meison A.

Gosto tanto dele como do nicho que ele escolheu trabalhar: aeromodelismo. Conhece?

São aqueles pequenos modelos de aviões controlados por controle remoto.

Era esse o hobby dele. Algo que ele tinha prazer em pesquisar, descobrir novidades e modelos e buscar a resposta de qualquer dúvida que tinha até solucionar. E foi aí que viu uma oportunidade:

"Aposto que há outras pessoas interessadas nisso que têm as mesmas dúvidas que eu tinha quando comecei!"

E ele tinha razão – havia, sim, outras pessoas!

Com essa ideia começou seu site e canal, oferecendo dicas e conteúdos diversos sobre o tema.

Essa então é outra maneira de achar uma boa ideia para começar o seu negócio: veja onde você tem dúvida ou problema e tente você mesmo solucioná-los!

Há boas chances de que outras pessoas aí fora estejam buscando o mesmo tipo de informação.

Para encontrar essas pessoas, tudo o que você precisa fazer é começar com algo simples:

Crie um blog. Crie um canal no YouTube. Dê dicas. Crie vídeos. Escreva artigos. Não sei. Escolha *uma* dessas opções que faz mais sentido pra você e ajude de alguma maneira as pessoas que estejam interessadas no assunto.

Com isso, pouco a pouco, você começará a atrair um público que compartilha os mesmos interesses que você. E entre estes haverá alguns interessados em pagar por ainda mais informação de qualidade.

O que ele fez depois?

Criou guias, e-books e cursos em vídeo falando mais sobre o assunto. Até porque *naturalmente* as pessoas queriam saber mais. De maneira mais estruturada. E não só dicas perdidas.

Então foi o que ele fez – criou esses pequenos produtos de informação (chamamos de infoprodutos) e os colocou à venda.

Resultado: um novo negócio 100% on-line baseado em seu hobby.

Ele ficou milionário fazendo isso?

Acho que ainda não. Mas de novo: a ideia não é ser milionário por ser milionário. A ideia é ser livre. A ideia é *viver* como um milionário.

Se chegarmos a ser milionários, ótimo. É um belo bônus. É uma recompensa por um bom trabalho, esforço e dedicação. Mas não é necessário.

E esse foi o início da jornada de Meison, agora ele pode se dedicar a algo em tempo integral, trabalhando de onde quiser e com algo que ele já gostava e tinha interesse. Combinação ideal e perfeita, não é verdade?

Se você quiser, pode ver mais detalhes desse estudo de caso bem como tantos outros em: https://www.feriassemfim.com/livro/depoimentos:

E olha só, já adianto pra você: ideias e nichos não faltam. Sabe o que falta?

Pessoas com interesse e com as informações certas para criar algo aí. E essa pessoa pode ser você.

O público e o mercado estão aí fora. É você decidir e executar. E é justamente o objetivo deste livro e de todos os treinamentos que faço para ajudar você com isso.

Mas, para isso, precisamos continuar com o nosso próximo fundamento – o seu **Marketing**.

APL: Ações Para a Liberdade

Vamos agora colocar em prática a análise sobre os Círculos de Convergência para identificar um mercado que possa ser o ideal para sua atuação. Numa folha, responda às perguntas a seguir criando 3 listas:

— Por quais áreas ou assuntos você tem interesse?

— Em quais áreas ou atividades as pessoas costumam elogiar o seu trabalho? Para que geralmente as pessoas costumam pedir sua ajuda?

— O que você gosta bastante de fazer que sabe que há outras pessoas também interessadas?

Agora, olhe para o que escreveu e avalie com cuidado. Veja se, por exemplo, há algo que se repete nas 3 listas. Isso não é obrigatório, mas com certeza seria um importante sinal.

Essas são algumas perguntas para começar que ajudam a buscar o seu nicho de mercado ideal. Podemos ir mais fundo e expandir:

— Faça uma lista de ao menos 7 itens dos quais você tem medo.

— Faça uma lista de ao menos 7 itens de problemas que você enfrenta hoje em sua vida.

— Faça uma lista de ao menos 7 itens que você talvez hoje não saiba muito, mas talvez pudesse se interessar.

— Há algum trabalho, profissão ou atividade sobre o qual pensa: "Poxa... gostaria de fazer isso também"? Se sim, anote.

Essas são outras perguntas para buscarmos e expandirmos as ideias. Sempre lembrando que, depois de identificar as áreas e os segmentos nos quais poderia explorar, você tem que comparar as suas ideias com a demanda do mercado lá fora. De novo:

Só porque você tem interesse não significa que há pessoas dispostas a pagar por isso. Para saber se essas pessoas existem, você precisa pesquisar – e muito. Encontre dados na internet, números desse mercado e quem são seus consumidores. Pergunte para quem você conhece sobre seus hábitos de consumo e tente identificar seu público-alvo.

Sem isso você não tem um negócio.

2º Fundamento: Marketing

"Você pode ter tudo o que quiser nesta vida se antes ajudar as outras pessoas a terem tudo que elas querem."
— Zig Ziglar

O que é marketing?

Se você é como 95% da população, então acredita que marketing é algo assim:

"Marketing é enganar e manipular as pessoas para que comprem algo que elas não querem."

Em primeiro lugar, isso, na verdade, *nunca* foi marketing.

Essa era somente a visão que tanto profissionais de má-fé como pessoas que acabaram caindo na mão de ditos profissionais tinham. Alguns poucos que realmente queimavam a imagem de todos os outros.

Hoje esse é conhecido como o *velho marketing*.

O Novo Marketing é bem diferente.

O Novo Marketing é ajudar as pessoas a encontrar as soluções que elas já procuram para os seus problemas. Mesmo que isso signifique dizer para elas *não* comprarem seu produto.

Releia a frase acima porque é importante.

Se você entender isso, já começará seu NL com o pé direito.

Peter Drucker, considerado um dos pais da administração e negócios modernos, já dizia:

> "O objetivo do marketing é tornar a venda supérflua. É entender o seu cliente tão bem de forma que o seu produto ou serviço se adeque perfeitamente às suas necessidades e se venda por conta própria."

Entenda essa definição e você terá uma vantagem sobre todos que tentarem competir com você.

Marketing não é empurrar nada para ninguém. Principalmente para pessoas que não querem o que você tem a vender e não precisam disso. Esse é o velho marketing.

É nesse mesmo velho marketing em que as pessoas *primeiro* criam um produto e depois se perguntam:

"Onde eu acho clientes para os meus produtos?"

Enquanto o novo marketing *inverte* tudo isso e começa do outro lado – do lado do cliente:

"Onde eu acho produtos para os meus clientes?"

Esse é um dos motivos de por que os 4 fundamentos são dispostos assim:

1. Primeiro você encontra seu **Mercado.** Encontra uma demanda para uma solução de problemas não resolvidos. Sejam esses tangíveis ("como perder peso") ou intangíveis ("como aumentar minha confiança").
2. Depois você estabelece seu **Marketing** e descobre quais os problemas que esse mercado tem. Como você pode ajudar as pessoas ali.
3. E aí sim você cria seu site e um produto para vender nele – a sua **Mídia** e a sua **Mercadoria**, respectivamente.

É entendendo isso que você constrói uma fundação sólida para seu Negócio Lifestyle. Um processo que, passo a passo, constrói a base para a sua liberdade.

E tem mais:

Graças à internet hoje, o marketing pode ser muito simples.

O primeiro passo você já deu – entendeu que o Novo Marketing começa antes no cliente e suas necessidades. Não em você, em suas ideias e seus produtos.

Depois, a melhor maneira de fazer seu marketing e vender seu produto é algo relativamente simples:

Você primeiro ajuda a pessoa. Como puder e como preferir.

De repente você gosta de escrever artigos. Ou criar vídeos. Ou falar no microfone. Ou só postar em redes sociais. Não sei. Cada um com suas preferências.

Eu, por exemplo, *jamais* achava que ia gostar de escrever. Ou gravar vídeos. E se você visse meus primeiros – tanto artigos como vídeos –, talvez desse risada. Mas pouco a pouco eu aprendi a melhorar meu material. E com isso passei a gostar de produzir conteúdos que as pessoas gostam de consumir e que geram os benefícios de que elas precisam. Bastante até.

Passei a gostar de tal maneira que agora estou aqui, escrevendo este livro – e sinto um prazer enorme em fazê-lo.

Qual É O Legado Que Você Quer Deixar No Mundo?

Não é só porque estou em um ambiente agradável (em um charmoso café de Barcelona) que eu gosto de escrever este livro em si.

Faço isso porque vejo como uma maneira de compartilhar minha jornada, que me desafia a expressar o que vivi de um novo jeito. Uma maneira de colocar minhas ideias e o que eu penso deste mundo em um formato que pode durar muito mais que a minha própria vida. Como um verdadeiro legado.

E isso eu acho fantástico!

Assim, sei que qualquer pessoa no futuro que eu talvez conheça – ou até meus próprios filhos – poderá ler e entender um pouco mais do que eu acredito e penso deste mundo.

Isso eu acho muito bacana. Além de prazeroso.

E sabe qual o outro motivo de por que eu faço isso? É a 2ª parte de como o Novo Marketing funciona:

Primeiro você ajuda... depois você oferece uma chance para que aqueles que quiserem saber mais possam participar.

Geralmente isso ocorre com um fechamento do tipo:

"Gostou do que viu aqui? Se você quiser saber mais eu tenho um e-book/curso que..." E daí você indica onde oferece mais informações. No caso essas seriam pagas.

O pensamento da pessoa – se você fez um bom trabalho e ajudou de verdade – provavelmente vai ser algo do tipo:

"Pô... Se o conteúdo de graça é bom assim, imagina o pago! Acho que vale tentar..."

Faz parte de um velho truque chamado "Mostre que você pode ajudar as pessoas ao realmente ajudá-las em primeiro lugar."

Funciona que é uma beleza!

Para ser honesto com você – e caso esteja pensando em por que eu perderia meu tempo escrevendo um livro deste –, o que estou fazendo aqui é exatamente isso:

Meu objetivo é, *antes* de qualquer coisa, ajudar você ao máximo a ter tudo o que precisa para ser um Verdadeiro Rico – e ainda podendo gerar dinheiro ajudando outras pessoas.

Faço isso colocando as melhores informações e dicas que consegui ao longo dos anos.

Faço isso porque eu sei que, se eu der meu máximo ajudando você antes, talvez tenha uma chance de fazê-lo pensar justamente o que comentei:

"Cara bacana... Gostei do livro... Acho que vou tentar o treinamento que ele oferece."

E eu sei que determinado número de pessoas vai acabar participando do treinamento.

"E se eu não quiser?", você pode perguntar.

Não tem problema algum.

O que eu mais quero é ajudar você. Poder passar adiante todo o conhecimento que eu gostaria de ter aprendido antes de ter perdido tanto tempo e dinheiro indo pelo caminho errado.

E eu tenho certeza de que, mesmo que uma ou outra pessoa não queira dar o próximo passo, haverá outras que irão fazer isso. O que é até melhor, porque não aceitamos todo mundo que tenta se inscrever para o treinamento. O motivo?

Manter uma comunidade com um tamanho ideal para que seja mais unida.

O que menos queremos é virar aqueles eventos que tinham tudo para dar certo, mas que infelizmente deixaram pessoas além da conta entrar.

Agora você não consegue nem pegar uma cerveja no bar!

O que queremos é uma comunidade unida e com um bom tamanho, na qual temos massa o suficiente para organizar eventos e outros, mas sem perder o controle de quem está ali participando.

E é justo o caminho que eu recomendo que você siga em seu NL:

Primeiro, ajude seus clientes o máximo possível. Depois pergunte:

"Gostou? Se quiser, posso ajudar ainda mais."

Simples, não?

Esse é o **Novo Marketing**.

Foi entendendo como funciona o Novo Marketing que os irmãos Davi e Lukas começaram o seu negócio on-line.

Ambos são também meus clientes de longa data e começaram com uma ideia simples: um curso sobre manutenção de computadores.

O motivo do porquê eles escolheram esse mercado para começar seu negócio foi bem simples: era já o mercado em que trabalhavam e tinham experiência.

Tudo o que queriam era usar o poder da internet para expandir o seu negócio. E assim o fizeram.

Começaram com produtos simples: um *pen drive* com ferramentas de formatação que enviavam por correio.

Depois um curso on-line completo sobre manutenção...

E depois adicionaram mais um curso em como criar um negócio de manutenção de computadores... Exatamente como eles faziam.

Com isso foram crescendo e crescendo.

Com a minha ajuda, nos primeiros 11 meses bateram a marca de 6 dígitos de faturamento. Mais precisamente R$ 143.590,07.

Isso só foi possível porque eles estavam sempre entregando todo o conteúdo que podiam criar para seus clientes.

Você pode até se perguntar: "Mas, Bruno, por que eles ensinariam a criar um negócio exatamente como o deles?". E a resposta é simples: criando mais negócios assim eles fortalecem o mercado e continuam pensando no próximo passo, em novos produtos.

Fica aqui uma dica preciosa: não tenha medo de dividir tudo o que você sabe, porque você sempre vai criar mais, se desenvolver e descobrir novas possibilidades.

Hoje, se ganham isso em um mês, consideram um mês "normal".

Eu sei – talvez números assim possam até assustar você. Talvez você pense se seria realmente possível ganhar tudo isso com um "simples" negócio on-line. Mas é justo aí que está o segredo. Mantenha em mente:

— **Primeiro**, o objetivo é ser livre. E para ser livre você não precisa ganhar tanto assim. Você precisa ganhar o que você achar necessário para financiar seu estilo de vida. O resto é bônus.

— **Segundo**, eles começaram sozinhos e fazendo tudo eles mesmos. Com o conhecimento e potencial da internet foram crescendo como possível.

— **Terceiro**, depois de certo nível de ganhos, eles expandiram. Contrataram, fizeram consultorias comigo e com outros especialistas e com isso cresceram ainda mais.

Hoje eles já expandiram seu Negócio Lifestyle.

Possuem um escritório com outras pessoas trabalhando para eles. Tudo com o objetivo de expandir o negócio que começou com uma simples ideia de vender o que sabiam através da internet.

E essa é a maravilha de um Negócio Lifestyle:

Você é livre para decidir exatamente como quer que ele seja.

— Talvez você prefira continuar trabalhando só você mesmo, sem precisar contratar ninguém: sem problemas. É totalmente possível e dá para ir bem longe assim (com certas limitações, claro).

— Ou quem sabe você quer ter um escritório físico na sua cidade e lá crescer uma empresa: ótimo! A escolha é sua.

— Ou você talvez queira fazer como eu faço: uma empresa 100% virtual, na qual eu e todos que trabalham comigo trabalham de onde bem entenderem. É outro modelo totalmente possível e que vem crescendo ano após ano.

Cada opção tem suas vantagens e desvantagens.

Por exemplo, se você optar por um escritório físico fixo, isso vai implicar um custo fixo de locação, funcionários e outros. E junto vêm as vantagens: potencial de ganho e alcance muito maiores. É tudo uma questão de escolha. Mas de novo:

A escolha é sua e somente sua.

E isso faz toda diferença.

Eu pessoalmente escolhi continuar meu NL de maneira totalmente virtual.

Agora cuidado:

O que eu decidi é não ter um escritório físico nem muitos empregados...

... mas de maneira alguma isso implica necessariamente limitar meus ganhos.

A única mudança é que eu preciso pensar como adaptar o Negócio Lifestyle para o meu estilo de vida para que continue crescendo e crescendo. Sem me limitar.

Porque a beleza de um negócio on-line é algo que muitos não enxergam. Explico.

Há Algo Errado Em Querer Ganhar Dinheiro Mais Rápido?

Estamos acostumados a ver que negócios "de sucesso" são grandes lojas. Com grandes estacionamentos. E muitos funcionários, lindas instalações e pontos comerciais movimentados.

Mas na internet é diferente.

Um simples site com poucas páginas pode gerar milhões e milhões em vendas todos os anos. E com uma estrutura incrivelmente pequena.

Se eu dissesse para você que eu chego a faturar mais de R$ 1.000.000 por mês, você acreditaria?

Eu não vou dizer aqui quais os números do meu negócio. Não tem por quê. Afinal, o que eu ganho ou deixo de ganhar em nada vai mudar sua vida, certo? Só uma coisa que interessa de verdade:

Quanto eu consigo ajudar *você* a ganhar.

Esse sim é o número que me interessa.

Por isso trago aqui tantos casos e números de clientes e outras pessoas que já ajudei. Para provar que sei do que falo e consigo realmente passar esse conhecimento adiante. Mas voltando à pergunta:

Se eu dissesse para você que eu chego a faturar mais de R$ 1.000.000 por mês, você acreditaria?

Se a resposta for "não", por que não?

Como vamos ver depois, isso talvez seja só uma "regra" que seu cérebro criou de como as coisas devem funcionar... *e que talvez não seja verdade.*

Eu, por exemplo, não consigo correr uma maratona em menos de 3 horas.

Agora isso não significa que eu não acredite que *outras pessoas* possam fazer isso. Mesmo eu não sabendo como o faria. Se é que conseguiria.

A mesma coisa acontece em um negócio on-line:

Não deixe que ideias e ditas "verdades" definam o que é ou não possível. Já desmascaramos um bocado delas. "Verdades" que são grandes mentiras. E o pior: que só nos prejudicam.

Por isso mantenha a cabeça aberta.

Mantenha a cabeça aberta para uma pequena palavra chamada *possibilidade.*

Não peço a você que acredite em tudo o que leu aqui até agora. Só o que eu peço é que *não desacredite* nem descarte uma possibilidade que... vai saber né... pode ser real.

Uma delas é justamente o Novo Marketing que acabamos de ver.

O Novo Marketing é bem diferente daquela imagem que temos. Principalmente de vendedores. Infelizmente são muitos aí fora que queimam a imagem. E todos acabam sofrendo.

Fico feliz em ter você aqui para, juntos, provarmos que é possível criar um ciclo benéfico para todos. Para você e para seus futuros clientes.

É por isso que precisamos de pessoas com a cabeça no lugar e que não tenham medo de trabalhar um pouco em busca de seus objetivos. E para isso precisamos de você.

Meu trabalho aqui é passar essas informações da melhor maneira possível.

O seu trabalho, após terminar a leitura deste livro, será colocá-las em prática.

Topa participar?

APL: Ações Para a Liberdade

Faça uma lista de marcas, produtos e empresas que admira ou que estão muito bem no mercado.

Faça outra lista de produtos que comprou no passado. Quanto mais recente, melhor.

Faça uma terceira lista de marcas, produtos e empresas de que você não gosta ou que acredita que não estão muito bem no mercado.

Com essas 3 listas, comece a avaliar e se perguntar:

— Por que determinada empresa se destaca das outras?

— Por que alguém prefere determinado produto mesmo que seja mais caro?

— Por que você comprou determinado produto e não outro?

— Por que você tem a *percepção* de que determinada empresa é melhor ou pior?

— Como você se sentiu ao comprar certos produtos: um barato, um médio e um caro?

— Por que dois produtos parecidos – como duas calças jeans – têm valores e preços tão diferentes dependendo da loja e da marca?

— Como é o atendimento dessas empresas?

— Se eu fosse definir com uma palavra determinada empresa, marca ou produto, qual seria? Por quê?

— Quem eu considero como o 1º, 2º e 3º lugar de determinado mercado? Há algum fator que eu consigo enxergar que me leva a essa conclusão?

— Que tipo de suporte, garantias e qualidade de produto as melhores empresas oferecem? E as piores?

— Como essas empresas se comunicam com seus clientes? Quais as diferenças?

— Eu consigo saber de qual produto estou falando só por descrevê-lo? Ou eu preciso falar o nome da marca em si para entender? O objetivo aqui é ver se a empresa consegue criar algo realmente único.

Essas são só algumas perguntas para começar.

Perguntas que vão ajudar você, pouco a pouco, a compreender melhor como funciona o Novo Marketing. E o melhor de tudo?

Boa parte dessas lições será gratuita.

Tudo o que você precisa fazer é estar atento. Atento e de olhos bem abertos para o que acontece ao seu redor. É assim que você irá aprender as lições que já estão aí fora.

3º Fundamento: Mídia

"Comece onde você está. Use o que você tem. Faça o que você puder."
— Arthur Ashe

Depois de definido para **quem** e **como** você vai vender, precisamos responder a próxima pergunta:

Onde você vai vender seus produtos?

Sim, na internet. Mas onde *especificamente*? Porque são muitas opções. Aqui algumas delas:

— Blog.

— YouTube.

— Facebook.

— Twitter.

— Instagram.

— Área de membros.

— Comunidade.

— Loja virtual.

— Amazon.

E mais tantas outras.

Ficou na dúvida de qual é a melhor pra você? Quando comecei eu ficava completamente perdido com tanta opção. Até porque todas podem funcionar... mas não significa que você deva usar todas. Até o contrário:

Você *não deve* estar em todas.

Esse é um erro que eu cometi e muitos cometem: achar que deveriam estar em todos os canais e redes sociais. Afinal, o dito "expert em mídias sociais" falou que esse era o caminho, certo?

Lindo.

Pena que é pura baboseira.

Até quero já ensinar uma regra bem fácil para você saber em quem pode confiar na hora de ouvir conselhos. Tudo o que você precisa fazer é perguntar:

"De tudo o que você fala, quanto isso resultou *diretamente* em vendas para o seu ou para o negócio de seus clientes?"

É isso.

Bem simples. Mas você vai ver como muitos se perdem aí. E começam a trazer um monte de números que soam até importantes... mas que na verdade não significam nada. Soa algo como:

"A nossa retenção de engajamento aumentou em 528% depois que começamos o trabalho."

"Aumentamos em 7,6 vezes a base de fãs do nosso cliente."

Ou a minha favorita – e a pior de todas –, que é esta:

"Vendas? Esse não é o nosso foco. Estamos trabalhando com exposição e *branding*."

Branding.

Outra dica de como identificar charlatões:

Toda vez que começarem a falar palavras em inglês que, assim como números e suas métricas, soam bem, mas não dizem nada, ligue seu alerta:

Elas talvez *realmente* não digam nada.

Nem peço desculpas aqui por ser direto. Porque cansa ver as pessoas darem tanta volta e se enrolarem tanto em vez de ir ao que interessa:

— Aumentou as vendas ou não aumentou?

— Aumentou o faturamento ou não aumentou?

— Aumentou o lucro ou não aumentou?

"Ah, Bruno... Você é muito capitalista! Não é assim que as coisas funcionam! Nem tudo é dinheiro."

Exato. Concordo 100% com você. Não é à toa que eu *escrevo aqui um livro inteiro* – este que você está lendo agora mesmo – para dizer que dinheiro não é tudo...

... mas para um negócio é quase tudo sim!

E é bem fácil provar. Faça o seguinte teste:

Vá à sua concessionária favorita mais próxima. Escolha o carro de que você mais gostar. Peça que incluam todos os acessórios e extras. Banco de couro, ABS, airbag... tudo.

Depois, quando o vendedor perguntar como você prefere pagar, responda:

"Olha, na última semana eu tive 265.982 curtidas na minha página do Facebook. Gostaria de usar isso como entrada pro carro."

O que você acha que aconteceria? Parece ridículo, né?

AVISO!
Isso Não Serve Como Entrada do Seu Carro

Para deixar claro o que eu quero dizer, o que vai acontecer caso você tenha alguma dúvida:

Curtidas não vão comprar o seu carro.

Nem pagar pelo seu plano de saúde...

Nem por uma passagem de avião...

E muito menos financiar sua liberdade e estilo de vida.

Então, o que fazer?

O ideal é você escolher *uma e somente uma mídia*. E aí dedicar todas as suas energias para fazê-la dar os resultados que você busca.

Em vez de ter 7 canais fracos, você tem um muito forte.

Dá mais resultados, funciona melhor e com muito menos trabalho.

Qual?

Essa é uma decisão pessoal. E que não depende só de você em si, mas também do mercado em que escolher trabalhar. Explico:

Suponha que você decide montar um negócio para vender produtos para pessoas que jogam golfe. Esse é um mercado com um público com certas características. Com certeza há exceções, mas em geral você pode esperar:

— Homens.

— De 40 a 65 anos.

— Com uma boa renda familiar.

Uma visão geral. Só para você entender a ideia.

Tendo como base *esse* público específico, onde você acha que seria a sua melhor mídia para publicar e criar seu negócio?

Onde você acha que conseguiria mais atenção?

Onde acharia a maior quantidade de pessoas interessadas no que você tem a vender nesse mercado?

São essas perguntas que irão decidir a sua Mídia.

Por ser um público mais velho, talvez redes sociais muito novas não sejam uma boa alternativa, afinal, um público mais velho assim tende a demorar mais para se adaptar a novas tecnologias e canais.

Agora, se você resolvesse criar algo para um público no completo oposto, meninas, jovens e de 14 a 19 anos?

Com esse público em mente, por onde começaria?

Percebe que só por trocar o tipo de público você já trocaria a Mídia pela qual começaria seu negócio?

Por isso que não há uma única resposta definitiva para esse fundamento. O que existe é analisar suas habilidades e o seu mercado. Depois, com base nisso, decidir.

Até porque você pode odiar vídeo... ou se dar muito bem com a câmera (adianto pra você: no início é mais difícil do que parece!). Isso também irá com certeza influenciar sua decisão.

Tenho um cliente, o Martin S., que entendeu bem essa lógica da Mídia.

Ele trabalha na indústria de jogos eletrônicos onde é conhecido como "Melevis". O estudo de caso bem como o link oficial para o seu site você pode encontrar em: https://www.feriassemfim.com/livro/depoimentos.

Os resultados que ele teve foram muito bons. Principalmente, considerando que:

— Ele começou um negócio on-line sem gastar um centavo (literalmente).

— Não tinha site, domínio ou hospedagem contratada.

— Conseguiu ter outras pessoas produzindo o conteúdo.

— E ainda tinha essas pessoas vendendo seu produto para ele!

Bom demais para ser verdade? Talvez.

O que ele fez foi o seguinte:

Havia 2 pontos claros na sua estratégia: (1) ele não queria gastar e (2) ele conhecia bem seu público, *gamers*. Afinal, era um deles.

Gamers, caso você não conheça, são geralmente pessoas jovens que jogam ativamente algum jogo. No Brasil é algo que está crescendo muito. Mas há mercados mais desenvolvidos como a Coreia do Sul onde gamers são *literalmente* tão famosos quanto jogadores de futebol.

Com esses 2 pontos ele se perguntou:

"Como eu posso reunir essas pessoas em um lugar de fácil acesso e sem gastar?"

E a resposta veio fácil: *Facebook*.

Grande parte de seus futuros clientes não só já estava como era usuária ativa do Facebook. Com isso ele criou um grupo ali e pouco a pouco agregou mais seguidores.

Resultado: sua Mídia estava criada.

Depois, com o contato que tinha por ser um *gamer* como seus clientes, convenceu os maiores jogadores de determinado jogo a criarem um conteúdo. Nesse conteúdo passariam dicas, estratégias e tudo o que sabiam para chegar ao topo.

E o Martin em si... o que ele ia fazer?

Ele seria o responsável por organizar o conteúdo de todos, criar a partir daí uma espécie de treinamento e organizar para vender. E com o conhecimento certo – que aprendeu em um dos meus treinamentos – colocou o produto no ar e perguntou para os autores o seguinte:

"Você se importaria em divulgar para seus seguidores? O que a gente vender, dividimos meio a meio."

Por que não?

Já estava criado e era uma boa maneira de ganhar uma renda extra que eles nem sabiam que era possível.

Dito e feito – um negócio criado.

Lembro que ele gerou R$ 8.513,98 em vendas logo no primeiro mês do seu produto, ainda em 2013.

Depois, com o tempo, ele parou de vender esse produto e criou outros. Até porque o mercado dele em si era na indústria de jogos eletrônicos, a qual muda rapidamente.

Mas é assim que, entendendo os fundamentos certos, conseguimos começar um negócio.

Mesmo sem gastar... mesmo sem criar o produto em si... e com outras pessoas vendendo nosso produto!

É importante entender isso porque suponha agora que você acertou já os 3 fundamentos anteriores:

Você escolheu um bom nicho de Mercado para trabalhar...

Definiu como vai encontrar e oferecer seu produto através do seu Marketing...

E escolheu a Mídia certa com base em suas habilidades e em seu público.

Agora só falta a resposta da última pergunta:

O **que** exatamente você irá vender?

Isso é o que vamos ver agora.

APL: Ações Para a Liberdade

Recomendo que, para descobrir sua plataforma de divulgação ideal, você reflita sobre as perguntas a seguir e comece a identificar qual seria a melhor mídia para você:

— Qual é a maneira de me comunicar em que tenho mais facilidade? Vídeo? Áudio? Texto?

— Eu consigo me ver publicando conteúdo toda semana por pelo menos 5 anos em algum desses meios?

— Qual acho que é o meu ponto forte na hora de comunicar?

Uma dica extra antes de fecharmos este tópico:

Um dos maiores erros que você pode cometer é tentar melhorar as áreas onde você é óbvia e visivelmente ruim. O que é até engraçado. Porque geralmente nos ensinam o contrário.

Não estou dizendo para você abandonar completamente algo em que não é bom.

O que quero dizer é que, do ponto de vista de um negócio, você terá MUITO mais chances ao focar em seus **pontos fortes**. E não tentar melhorar aquilo em que você é ruim.

Então, recomendo que você foque no que eu chamo de **Trabalho de Gênio (TG)**. Esse é o trabalho que você faz tão bem como se fosse um gênio expert naquele assunto.

Em um mundo ideal, seu dia a dia seria assim:

Você passa 80% a 90% do tempo somente fazendo seu TG. Todas as outras atividades são eliminadas, automatizadas ou delegadas.

Ponto.

Faça isso por uns bons anos – um foco gigante no que você é bom –, e seu sucesso será garantido.

Vivemos na era do especialista. Você deve desenvolver um conhecimento que é muito mais profundo do que largo. Nada de saber pouco sobre muitas áreas diferentes. É muito melhor que você escolha uma pequena área em que se destaca e tem uma habilidade acima da média, e foque todas as suas energias aí.

4º Fundamento: Mercadoria

"Não procure clientes para seus produtos. Procure produtos para os seus clientes."
— Seth Godin

Chegamos ao 4º e último fundamento de um Negócio Lifestyle: a sua **Mercadoria**.

Esse é o seu produto. O que tem como objetivo ajudar as pessoas a resolver seus problemas e ter uma vida melhor na área em que você trabalha.

Aqui você tem algumas opções com o que você pode trabalhar. Alguns exemplos de "produtos" que você pode oferecer no seu negócio:

— Produtos físicos (camisetas, canecas, maquiagem etc.).

— Produtos digitais (software, aplicativos e infoprodutos).

— Serviços (design, programação, edição etc.).

— Coaching (profissional, pessoal, de saúde etc.).

— Consultoria (de negócios, de investimentos, de saúde).

Essas são só algumas das categorias de produtos que você pode oferecer e vender através da internet. São todas? Não. Há muitas outras aí fora. Mas para começar essas categorias já englobam boa parte do que vale considerar inicialmente para vender.

Entre todos os produtos que podemos escolher, o que eu recomendo que você escolha é um *produto digital*. E os motivos já vimos antes:

— Você não precisa fazer estoque.

— Baixo custo de produção.

— Fácil de entregar.

Entre todos os produtos digitais que temos, há uma categoria que se destaca. São os **infoprodutos**.

Como vimos, infoprodutos são produtos educacionais. Produtos com o objetivo de fornecer informação específica sobre determinado assunto. E podem ser dos mais variados:

1. Como perder peso.
2. Como ganhar dinheiro.
3. Como investir na bolsa.
4. Como melhorar seu jogo de golfe.
5. Como viajar pagando menos.
6. Como controlar o diabetes.
7. Como perder o medo de aranhas.
8. Como produzir música eletrônica.
9. Como ensinar seu cachorro a obedecer você.
10. Como tirar o máximo proveito dos seus aeromodelos.
11. Entre tantos outros.

Há muitas possibilidades. Em diversos mercados e nichos.

A boa notícia é que o Brasil ainda é uma criança com relação a isso. Poucas pessoas conhecem esse mercado. E por isso há bastante espaço ainda.

A má notícia é que pouco a pouco isso se torna mais conhecido. Mais pessoas e mais concorrência começam a aparecer, o que torna as coisas mais difíceis. Por isso fica a recomendação:

Aproveite para começar a fazer algo o quanto antes.

Só assim você irá garantir que tenha as melhores chances de ter seu NL.

E felizmente hoje, para começar, não precisa de muita coisa:

Com um editor de texto gratuito – como o mesmo que eu usei para escrever este livro, que é o Google Docs –, você consegue criar seu produto.

Tudo o que precisa fazer é o seguinte:

1. Definir quem e como irá ajudar.
2. Escrever um e-book (de quantas páginas quiser) fazendo justamente isso: ajudando o público que você definiu a melhorar a vida no assunto que for.
3. Exportar como PDF.
4. Subir no seu sistema preferido para pagamentos.
5. E começar a divulgar!

Não precisamos ir muito além. Lembre-se:

É o *simples* que funciona.

É assim que eu prefiro e recomendo que você mantenha as coisas.

Esse é somente um dos tipos de infoprodutos que você pode criar para um NL. Existem muitos tipos diferentes de infoprodutos que você pode criar. Aqui, vamos focar em 10 possibilidades, todas digitais:

1. E-books.
2. Cursos em áudio.
3. Cursos em vídeo.

4. Área de membros.
5. Comunidade.
6. Assinaturas.
7. Webinários e aulas on-line.
8. Serviços.
9. Consultoria e *coaching*.
10. Grupos de *coaching* (masterminds).

Além desses, há alguns outros que muitos infoprodutores (pessoas que criam infoprodutos) utilizam. Entre eles:

1. Eventos ao vivo.
2. Palestras.
3. Software.

Não os incluí na lista original. Por quê?

Porque eventos e palestras já demandam um grau de complexidade maior. E também por outro motivo – lembra qual é nosso objetivo principal ao nos tornarmos Verdadeiros Ricos com um Negócio Lifestyle financiando nosso estilo de vida?

Ser livre.

Ponto. Esse é o objetivo primário.

O resto é diversão. O resto é bônus.

Palestras e eventos ao vivo exigem que você se comprometa a estar em determinado lugar, horário e dia. O que eu pessoalmente não quero. Não agora. E está tudo bem.

Isso é uma decisão totalmente pessoal.

Já fiz eventos e palestras em algum dos maiores eventos de marketing digital do Brasil. Mas não é meu foco. Meu foco ainda é meu objetivo desde que comecei tudo isso:

Liberdade.

O que eu recomendo para você é primeiro começar com o simples:

Talvez um e-book. No máximo um curso em vídeo se você achar que consegue.

> **Bônus**: criei para você uma lista de ferramentas e indico também o que utilizo para criar cursos em áudio e vídeo e onde hospedá-los. Acesse em:
>
> https://www.feriassemfim.com/livro/ferramentas

Depois, *pegando o jeito*, você expande.

Porque realmente: realizar um evento ao vivo é muito gratificante...

... *mas o trabalho é enorme!*

Conheço pessoas que possuem negócios faturando já mais de R$ 20.000.000 por ano mas que optaram por não fazer nenhum evento ao vivo. O motivo? O mesmo que o meu:

Liberdade.

É realmente uma escolha. E essa é a beleza de ter controle total de seu futuro:

Você pode escolher exatamente como quer que as coisas funcionem.

Para que funcione e seja o mais prazeroso possível *para você*.

Para o seu estilo e suas habilidades.

Compare isso com um emprego em que você muitas vezes é *gentilmente obrigado* a fazer aquilo em que não tem o mínimo interesse e ficam claras as vantagens de ter um NL.

Foi justamente com isso em mente que o Fillipe C. criou o seu negócio on-line. Não só criou, como teve resultados excelentes:

— Em apenas 11 meses, em 2015, conseguiu largar seu emprego e se dedicar de maneira integral ao seu negócio.

— Nesse tempo ganhou R$ 121.908 – uma média de R$ 11.082 por mês.

— E inclusive viajou por um tempo para a África do Sul.

Agora, como ele fez isso? O que ele vendia?

O Fillipe é programador. E um dos seus principais interesses era programação para Android.

Android, caso você não conheça, é um sistema operacional para celular criado pelo Google. Para você ter uma ideia, em 2012, 70,1% dos aparelhos móveis do mundo utilizavam o Android.[24] Ou seja:

Mercado tem. A questão é: como rentabilizar esse mercado?

Pouco a pouco o Fillipe achou seu espaço.

Criou um pequeno blog e começou a falar do assunto. Eu pessoalmente não gosto de começar com blogs. Acho que dão mais trabalho do que o necessário e tiram o foco. Mas são, como tantos outros, uma opção para começar.

Fillipe começou e com calma foi crescendo.

Lembra do Novo Marketing? Pois é. Foi isso que ele fez:

Começou dando dicas e ajudando como fosse possível. Depois *naturalmente* surgiu a oportunidade: transformar todo aquele conhecimento em um curso completo. E o melhor:

Isso era bom tanto para ele como para as pessoas que o acompanhavam.

Para ele porque agora teria um produto para vender.

Com um produto para vender, ele poderia possivelmente ganhar dinheiro com isso...

Ganhando dinheiro, ele poderia trabalhar só com isso...

---

24. Who's Winning, iOS or Android? All the Numbers, All in One Place. *Time*, 16 abr. 2013. Disponível em <www.techland.time.com/2013/04/16/ios-vs-android/>. Acesso em: 24 nov. 2016.

E consequentemente se dedicar a fazer mais e melhores conteúdos...

O que no final era melhor para todos!

Falo isso por um motivo muito importante:

Muitos têm medo de vender. Acham que é feio. Ruim. Como se fizesse mal para as pessoas. Mas a verdade é o contrário. Como diria Thomas J. Watson:

> "Nada acontece até que uma venda ocorra."
> — Thomas J. Watson

E como você viu, "vender" não tem nada de errado. Você não só está provendo um serviço que as pessoas já queriam, como também está possibilitando a elas se dedicarem de corpo e alma a seu negócio!

Com isso você não precisa mais trabalhar 10 horas em um emprego durante o dia... para depois à noite, cansado e estressado, tentar produzir algum conteúdo.

Não faz sentido.

Então faça como o Fillipe e tantos outros fizeram:

Encontre algo de que já goste e no qual tenha interesse, crie um negócio on-line baseado nisso e não tenha medo de vender o que você tem!

Se você sabe que o que tem é bom, por que deveria ter medo de expor para o mundo?

Só se você não acredita no que tem. Aí a recomendação fica até fácil:

Ache algo em que acredita para vender em primeiro lugar!

APL: Ações Para a Liberdade

Agora, recomendo que você olhe bem a lista que fez no 1º fundamento (Mercado) e também a lista do 3º fundamento (Mídia). Comece a combinar uma com a outra.

Há algum tipo de produto que acredita que poderia criar para determinado nicho de mercado?

A ideia é ser bem específico.

Nada de "Como emagrecer", mas sim "Como mulheres com mais de 40 anos podem emagrecer até 7 kg em 1 mês com o novo método x30".

Esse é obviamente só um exemplo. Mas aprenda com a ideia: seja o mais específico possível. Comece com um pequeno nicho onde você pode ocupar a primeira posição. Mesmo que para isso você precise dividir o mercado por gênero, idade, localização ou algum outro fator.

Como Ganhar Até R$ 10.000 Por Mês Mesmo Que Você Se Considere Um "Analfabeto Digital"

> "Just do it."
> — Nike

Neste capítulo quero fazer um exercício extra com você que sempre recomendo para meus clientes porque os ajuda a ver como pode ser simples criar uma renda mensal de R$ 10.000. Agora repare: eu disse "simples", e não necessariamente fácil.

Simples não é o mesmo que fácil.

Isso não vai acontecer da noite para o dia. Mas garanto e vou provar para você agora: é totalmente possível.

Para entender, vamos utilizar apenas 3 infoprodutos dos 10 que você pode criar. Então, vamos fazer algumas contas rápidas e ver o que seria necessário para termos uma renda de R$ 10.000 por mês totalmente on-line.

Primeiro, suponha que você criou seu primeiro e-book.

Esse é um pequeno livro sobre o assunto de sua escolha e você vai vendê-lo por R$ 97.

Se você vender 1 cópia do seu e-book por dia, isso gerará **R$ 2.910 por mês**.

Segundo, você decide criar um curso avançado em vídeo sobre o assunto. Preço: R$ 197.

Se você vender uma cópia ou acesso por dia, isso gerará **R$ 5.910 por mês**.

Depois você cria uma comunidade com uma assinatura mensal de R$ 19,90. Um preço tranquilo de praticar. Com esse preço você consegue 100 assinantes ativos. Isso gerará **R$ 1.990 por mês**.

Com somente esses 3 produtos simples– e não precisando fazer mais que uma venda por dia de cada um –, chegamos a nosso objetivo:

R$ 2.910 + R$ 5.910 + R$ 1.990 = **R$ 10.810 por mês**

Nada mau, certo?

Você não irá criar todos esses produtos ao mesmo tempo. Pode começar pelo mais simples – um e-book. E esse já vai gerar R$ 2.910 por mês. O que já está ótimo!

Você está agora *R$ 2.910* mais perto da sua liberdade!

É assim que você cria seu NL, dando um passo por vez.

Como Tirar As Ideias Do Papel

"Um navio estará seguro quando atracado no porto. Mas não é para isso que navios são construídos."
— William G. T. Shedd

Estes são os 4 fundamentos que compõem um negócio on-line. Com eles você já tem a base para começar o seu. Agora fica a pergunta:

Quais seriam os próximos passos?

Mais adiante recomendo que participe de um treinamento on-line gratuito que ministro de tempos em tempos. Lá forneço algumas informações extras para complementar tudo o que você aprendeu aqui.

Mais para o final do livro falarei sobre isso novamente e passarei o link exclusivo de acesso para você.

Agora o que precisamos é falar da execução em si. Ou seja: como colocar tudo isso que você aprendeu em prática. Porque eu já percebi que é na hora de tirar as ideias do papel que muitos falham.

Para isso vamos falar sobre algumas mudanças no seu comportamento. Isso porque criar um negócio on-line por conta própria exige novas habilidades e hábitos diferentes do que você talvez pratique hoje.

SEÇÃO 4
PRODUÇÃO

Como Ter O Dobro De Resultados Trabalhando A Metade Do Tempo

> "O que a mente pode criar e acreditar, a mente pode alcançar."
> — Napoleon Hill

Vimos alguns novos conceitos importantes até chegar aqui que irão melhorar, e muito, suas chances de sucesso. Vimos:

- As 5 Novas Distinções de como um Verdadeiro Rico define sua vida.
- As 5 regras da sua liberdade financeira.
- E, por fim, os 4 fundamentos 4M que compõem todo negócio on-line de sucesso.

Ainda assim tudo pode dar errado.

Como eu sei?

Por experiência própria de ajudar milhares de alunos e clientes. Fica muito claro:

Duas pessoas, com as mesmas informações e potencial, irão gerar resultados completamente diferentes. *Por quê?*

Essa era uma pergunta que sempre me incomodou.

Indo mais a fundo descobri que, depois de certo ponto, novas informações não ajudavam muito mais. O que faria a diferença era a **execução**. Ou seja:

Quais eram os hábitos e as rotinas que permitiam conseguir o melhor resultado das informações que já se tinha.

O tema *performance* e produtividade é algo pelo qual sou fascinado. Tanto pela importância como pelo interesse. Não é à toa que tenho um treinamento exclusivo para empreendedores digitais sobre o assunto que se chama Universidade da Alta Performance.

Você pode saber mais sobre este assunto em:

https://www.feriassemfim.com/livro/performance.

Vamos agora ver algumas lições que irão ajudá-lo a ter uma melhor performance no seu dia a dia.

Separei aqui alguns temas nos quais noto que muitas pessoas têm dificuldade na hora de produzir e ter uma melhor performance.

São eles:

— Como lidar com o excesso de informação.

— Como estabelecer metas e objetivos.

— Como melhorar sua concentração.

— Como acabar com a procrastinação.

Vamos direto para o primeiro deles porque, afinal, como diria o personagem interpretado por Ramón Valdés – mais conhecido como o "Seu Madruga" no seriado Chaves:

"Time is money!" — *"tempo é dinheiro!"*

Como Lidar E Eliminar O Excesso De Informação De Uma Vez Por Todas!

"Há muitas coisas sobre as quais um homem sábio pode desejar ser ignorante."
— Ralph Waldo Emerson

Vivemos na era da informação. Não é à toa que infoprodutos – como os que eu indico que você crie – vendem tanto. Só tem um porém:

Como consumir toda essa informação?

Essa é uma pergunta perigosa. Porque na verdade é a pergunta errada. A pergunta certa deveria ser:

Precisamos consumir toda essa informação?

E a resposta é direta: não.

Definitivamente não.

Com a alta conectividade de hoje, ficamos com a impressão de que *precisamos* saber de tudo e todos. Os últimos acontecimentos da China, a política econômica dos Estados Unidos e até as novas eleições de um país diferente que você nem sequer conhece!

A verdade é que você não precisa saber tudo isso. E nem deve. Há um limite na quantidade de informações que você consegue consumir. Assim como a água – que é algo extremamente saudável e bom – em excesso pode não ser só nociva, mas também fatal.[25]

Por isso faça como eu: desligue-se.

Vamos deixar mais claro pra você entender:

— Não assista ao noticiário todos os dias.

— Não leia o jornal todos os dias.

— Não acesse suas redes sociais todos os dias.

— Não tente ficar a par de tudo o que acontece na vida dos outros.

Porque, sinceramente, 99% de todas as notícias são repetidas e, pior, dramáticas. Isso por um simples motivo: violência e escândalos – especialmente se envolver famosos – chamam muito mais atenção que outras notícias mais, digamos, agradáveis.

O primeiro que ouvi falar disso de maneira tão direta foi o autor Timothy Ferris, ao qual já agradeci antes por toda a inspiração para o meu trabalho. E eu simplesmente achei brilhante, para não dizer libertador. E talvez você pense o mesmo que eu a primeira vez que li isto:

"Que belo cidadão desinformado você é!"

Mas sabe que isso não é verdade? Porque eu não leio e nem assisto ao noticiário (que, por sinal, 80% só relatam tragédia)... mas isso não significa que sou desinformado.

Principal e *especialmente* para as coisas que importam.

Hoje a conectividade é tão alta que as notícias realmente importantes invariavelmente chegam a mim. Isso pode acontecer de diversas maneiras.

---

25. BALLANTYNE, Coco. Strange but True: Drinking Too Much Water Can Kill. *Scientific American*, 21 jun. 2007. Disponível em: <www.scientificamerican.com/article/strange-but-true-drinking-too-much-water-can-kill/>. Acesso em 20 jan. 2017.

Eu não *leio* o jornal... mas só de abrir e ver as manchetes principais já me dá uma boa noção do que está acontecendo no mundo.

Eu não acesso minhas redes sociais todos os dias... mas as poucas vezes que o faço vejo o que está na "boca do povo", por assim dizer.

Eu não assisto ao noticiário... mas só o fato de a televisão estar ligada durante a noite quando vou jantar é suficiente para eu ver o início com o resumo de todas as notícias.

Não estou dizendo aqui para você tornar-se um alienado completo. Não é isso. Na verdade está bem longe disso.

O que eu recomendo é que tome muito cuidado o **quanto** e **como** consome todas as informações que temos disponíveis hoje. Porque pode ter certeza: é muito mais do que precisamos e/ou aguentamos!

Por isso você não precisa nem deve se desligar totalmente. Mas tente, antes, ao menos estabelecer um filtro de como você consome tudo isso.

Utilize as perguntas a seguir para ajudá-lo com isso.

APL: Ações Para a Liberdade

Para este capítulo gostaria de fazer uma pequena sugestão para você:

Faça um simples teste – pare de ver toda e qualquer notícia por certo tempo.

Diria pelo menos uma semana. Pra ver a diferença que faz.

Desligue... e *veja o que acontece.*

O resultado pode ser surpreendente.

Talvez com o tempo extra você consiga arrumar a casa que prometia que ia fazer há tempos...

Ou terminar aquele livro que parou pela metade...

Ou quem sabe simplesmente poder dar uma boa caminhada para relaxar?

É assustadora a quantidade de tempo que usamos para nos "mantermos atualizados", para, no fim do dia, ficar com a sensação de que ainda estamos correndo atrás! Como se estivéssemos correndo em uma roda dentro de uma gaiola em que o fim nunca chega.

Depois, quando e *se* quiser voltar à rotina normal, tente sempre se perguntar:

— Eu *realmente* preciso dessa informação agora?

— Eu vou utilizar essa informação de alguma maneira na minha vida?

— De que maneira essa informação irá me ajudar com meus objetivos?

Mantendo essas perguntas em mente você conseguirá decidir quais informações precisa *de verdade* consumir.

Uma Maneira Simples De Estabelecer Suas Prioridades Na Vida

"O simples pode ser mais difícil que o complexo. Você precisa trabalhar duro para limpar seus pensamentos a fim de alcançar a simplicidade. Mas vale a pena. Porque uma vez que você chega lá, pode mover montanhas."
— Steve Jobs

Entre nossas duas orelhas existe uma ferramenta que é fantástica, *mas que adora nos pregar algumas peças de vez em quando!*

Sim, essa ferramenta é o nosso cérebro.

Não só o cérebro, na verdade. Falo dos pensamentos e da mentalidade certa que vêm daí. Não vamos entrar aqui em filosofia profunda, mas entenda isto:

A realidade não existe.

O que existe são acontecimentos e a *interpretação* e *o sentido* que damos a esses acontecimentos.

E isso é fácil de provar:

Duas pessoas passando por uma mesma situação podem ter interpretações completamente diferentes.

Isso me lembra uma antiga parábola em que o rei da Jordânia, interessado em expandir seu negócio de calçados para outros países, pede para que dois súditos vão ao país vizinho avaliar o potencial de expansão. Mas com um detalhe:

Eles foram enviados separadamente sem saber da presença um do outro.

Quando chegaram lá era muito claro: nenhuma pessoa sequer desse reino vizinho usava sapatos.

Armados dessa informação, ambos os súditos voltaram para seu país de origem para reportar a novidade para o rei. O primeiro deles fala:

"É melhor esquecer a ideia! Eu fui lá e ninguém usa sapatos! Não venderemos nada!"

O rei agradece, despede-se e manda chamar o segundo súdito. Esse reporta:

"Precisamos expandir para lá urgentemente! Ninguém tem sapato ainda e não teremos nem concorrência!"

O fato é o mesmo... a interpretação de cada um que mudou.

E vamos além: quem está certo? Quem está errado?

Porque o primeiro pode ter razão no sentido de que é muito mais difícil vender algo novo que as pessoas nem sabem o que é e pelo qual nunca demonstraram interesse...

Mas o segundo *também* pode ter razão ao trazer um produto comprovado em vendas de outro lugar para um novo mercado.

Isso fica muito claro no treinamento on-line gratuito em que mostro um estudo de caso de um produto totalmente novo no mercado brasileiro, mas já confirmado lá fora. Quando foi introduzido no Brasil, esse produto funcionou muito bem. Mas há muitos outros casos em que um produto de sucesso de fora simplesmente "não colou" por aqui.

Realmente não há preto no branco, como as pessoas acreditam.

Esse também é um motivo pelo qual gosto de viajar tanto. Abre nossa cabeça. Nas palavras de Amyr Klink:

> "Um homem precisa viajar. Por sua conta, não por meio de histórias, imagens, livros ou TV. Precisa viajar por si, com seus olhos e pés, para entender o que é seu. Para um dia plantar as suas próprias árvores e dar-lhes valor. Conhecer o frio para desfrutar o calor. E o oposto. Sentir a distância e o desabrigo para estar bem sob o próprio teto.
> Um homem precisa viajar para lugares que não conhece para quebrar essa arrogância que nos faz ver o mundo como o imaginamos, e não simplesmente como é ou pode ser. Que nos faz professores e doutores do que não vimos, quando deveríamos ser alunos, e simplesmente ir ver."

E isso fica muito claro assim que pisamos fora de nosso país.

O que em um país é normal, em outro é *proibido*!

O que em um lugar é obrigatório, no outro é opcional.

O que é um hábito normal para uns, é algo completamente estranho e nojento para outros.

Quem está certo? Quem está errado?

A verdade é que ninguém.

Se você tivesse nascido em outro lugar, talvez achasse a poligamia algo normal... ou acharia um sacrilégio fazer um churrasco... ou andaria de mãos dadas com o seu melhor amigo na rua.

Agora, por que falo tudo isso?

Por dois motivos:

O primeiro é pra alertar você sobre "regras" que sua mente cria que talvez não sejam verdade. Essas que talvez tenha aprendido devido à educação que passaram para você, ao círculo de amizade a que pertence ou simplesmente por causa do local onde você mora.

E o segundo motivo: nosso cérebro tem a mania de nos fazer acreditar que, para que algo funcione mesmo, precisa ser complicado. No entanto, a verdade é o contrário:

É o *simples* que funciona.

Isso porque nos parece que, se fosse realmente tão simples assim, já teríamos nos dado conta antes, certo?

Pena que essa afirmação é falsa.

Toda vez que eu me encontro em algum aperto nos negócios, faço a mesma coisa: volto para o básico.

Volto para os verdadeiros fundamentos do marketing e empreendedorismo.

Porque sei que, se as coisas estão difíceis, é porque estou tentando complicar o que não devo, em vez de focar no simples. No que funciona.

Isso também é importante por outro motivo:

Prioridades.

Sem simplicidade fica difícil tomar as decisões certas. E aqui não falo nem só de negócios em si – mas em nossa vida também!

Um exemplo:

Aparece uma oportunidade incrível de participar de um evento que com certeza ajudará você a progredir no seu negócio. Só tem um problema:

Cai bem no dia de aniversário do seu casamento.

O que você faz?

Não sei. Só você pode dizer. Ou talvez nem você, se não tiver bem claro e definido quais são suas prioridades.

É só com elas que você consegue saber o que fazer em uma situação como essa.

É com simplicidade e com as prioridades que você consegue outra importante peça:

Foco.

Sucesso é muito mais persistência e comprometimento em cima de uma mesma ideia do que tentar "zilhões" de ideias malucas ao mesmo tempo.

Releia a frase anterior novamente e grave bem em sua memória.

Parece simples. Mas é exatamente o que vimos agora mesmo: é o *simples* que funciona.

Uma lupa só vai conseguir acender uma fogueira se você focar os raios de sol em um ponto único por certo tempo.

Se você pular de um lado para o outro, estará *literalmente* sem foco. E sem foco não há chamas.

Não deixe que isso aconteça com você.

Busque sempre o simples – porque é esse que funciona...

Defina bem suas prioridades – porque são essas que vão guiar suas decisões e escolhas...

E estabeleça seu foco – o sucesso está aí.

APL: Ações Para a Liberdade

Tire um tempo para pensar e responder algumas perguntas importantes:

— O que realmente é prioridade em minha vida?

— De que não estou disposto a abrir mão em hipótese alguma?

— Quem é realmente prioridade em minha vida?

— Eu estou complicando algo mais do que deveria? Não há uma maneira mais fácil de fazer isso?

— Eu estou perseguindo mais de uma ideia e/ou objetivo ao mesmo tempo? Qual deles é o mais importante?

Aproveito também para recomendar a leitura do livro *A única coisa*, de Gary Keller e Jay Papasan (Novo Século, 2014), uma excelente leitura sobre o poder de se concentrar em uma única coisa até que ela esteja completa.

Faça isso e veja a diferença em seus resultados.

Como Tornar-Se Um Ninja Da Concentração E Acabar Com as Interrupções Para Sempre

> "Circunstâncias podem causar interrupções e atrasos, mas nunca perca o foco do seu objetivo."
> — Mario Andretti

Plim!

Parabéns!

Você foi interrompido novamente! E o custo foi bem "baixo":

Você acabou de perder um momento importante de sua vida que não volta nunca mais...

... de novo!

Mas fique tranquilo: amanhã você terá uma nova chance de ser interrompido e perder mais um momento importante de sua vida.

Admito: hoje é difícil se concentrar. Você não está sozinho nesse barco. Tudo e todos querem nossa atenção. O tempo inteiro. São empresas com novas ofertas e anúncios de seus produtos. As melhores marcas do mundo tentando mostrar para você como a moda já não é a mesma da semana passada e, ainda, como você já está ultrapassado!

E isso fica ainda pior:

Nosso smartphone que não para de notificar... E-mails que não param de chegar... Uma nova rede social por semana para participar... Ligações... Mensagens... E a lista segue.

O que fazer?

O que fazer para não deixar que todas essas interrupções não só nos roubem momentos preciosos de vida, mas também tirem nossa concentração e atrapalhem nosso trabalho?

A resposta – para variar – é simples:

Previna antes mesmo que aconteça.

Por exemplo, por favor me diga que você *não* faz isso:

Você por acaso senta para começar a trabalhar e a primeira coisa que faz é abrir sua caixa de entrada (seja na empresa ou trabalhando por conta)?

Por favor, me diga que você não faz isso.

Esse é um dos piores hábitos que você pode ter.

Sua caixa de entrada nada mais é que uma lista de prioridades e um calendário de tarefas... *das outras pessoas!*

E eu não acho que elas têm tanto interesse em vê-lo crescer como você mesmo tem!

Claro, algumas podem desejar pelo seu sucesso e torcer por você. Mas no fim do dia quem faz as coisas andarem é *você!* Por isso faça como eu:

Abra seu e-mail somente 1 ou 2 vezes ao dia.

Se possível só 1 vez ao dia. E somente 3 vezes na semana.

É assim que eu faço.

E olha que eu trabalho na internet e utilizando muitas ferramentas de e-mail marketing.

"Ah, Bruno, não tem como! Isso não funciona para mim! As pessoas esperam e precisam que eu responda rápido!"

Precisam *mesmo*?

Ou isso é mais uma das regras que seu próprio cérebro criou para justificar o comportamento? Assim como o "é o complicado que funciona"? Que já vimos que não é verdade.

Aqui, uma revelação pra você:

Talvez as pessoas esperem e "precisem" da sua resposta assim tão rápido porque *você* as treinou a isso.

Talvez, se você, de início, já tivesse estabelecido que não responde rápido nem todos os dias, elas não tivessem essa expectativa. E sem essa expectativa não haveria cobrança.

"Mas você não entende! O meu caso é diferente!"

Claro que é diferente...

Pena que não é.

Sempre achamos que nosso caso é totalmente único e a exceção à regra.

Contudo, isso é, novamente, o seu cérebro pregando peças em você. Criando "verdades" que não existem.

Claro, em algumas situações será mais ou menos difícil implementar algo assim. Mas garanto: é sempre possível. É questão de tornar isso uma prioridade e trabalhar por isso.

Até porque, se você não o fizer, sabe qual o custo?

A sua vida.

Acha que estou exagerando?

Eu também achava. Mas o custo de não conseguirmos focar em uma atividade por certo tempo sem interrupções é caro. Muito caro.

Sem esse foco você não produz com sua máxima *performance*...

Provavelmente comete mais erros...

Causa estresse e ansiedade por não conseguir se concentrar...

E no final consegue menos resultados.

Some isso ao longo dos anos e fica claro: o custo é alto demais para deixar que simples interrupções atrapalhem você. Até o próprio nome já revela como algo ruim:

Interrupções.

Tem como falar essa palavra sem fazer cara feia?

Por isso recomendo aqui alguns hábitos que pratico em minha vida que podem ajudá-lo a ser menos interrompido:

1. Não abra seus e-mails pela manhã. Utilize esse tempo para ser produtivo.

2. Abra seu e-mail somente 1 vez ao dia e se possível no máximo 3 vezes na semana.

3. Instrua as pessoas e estabeleça logo no início o que elas podem esperar de você para assim controlar as expectativas.

4. Deixe algumas coisas ruins acontecerem: talvez você perca um ou outro e-mail que deveria ter respondido antes. Mas essa "perda" saiu barato por tudo o que você ganhou ao conseguir se concentrar.

5. Desligue todas as notificações, alertas e avisos do seu celular: programe para que você o acesse somente quando quiser alguma notícia.

6. Desligue todas as notificações, alertas e avisos do seu computador. Mesma coisa: programe para que você o acesse somente quando quiser alguma notícia.

7. Deixe seu celular na maior parte do tempo em modo avião e no silencioso. As coisas não são tão urgentes como outros fazem parecer ser. Ou ao menos não tão urgentes para *você*.

8. Evite marcar reuniões e calls. Tente sempre resolver tudo através de mensagens e e-mails. Quando as pessoas precisam escrever, elas são mais sucintas. Com certeza falamos mais rápido que escrevemos... mas também enrolamos muito mais!

9. Deixe chamadas caírem na caixa de entrada. Depois você retorna todas de uma vez.

Esses são só alguns hábitos que eu pratico em minha vida. E que ajudam muito a concentrar e focar. O resultado são... bem... *resultados!*

Por sinal, no último hábito falei para você deixar as chamadas caírem na caixa postal e retornar depois todas de uma vez. Isso é importante e serve como uma dica extra:

Junte atividades parecidas para fazer de uma vez só.

Não responda a somente um e-mail... e depois faça uma chamada... para voltar para responder uma mensagem no Skype... para depois falar com alguém.

Não. Tenha foco. Faça um por vez.

Faça todas as suas ligações de uma vez só...

Responda todos os seus e-mails de uma vez só...

Envie todas as mensagens que precisa de uma vez só.

Faça isso e veja sua produtividade decolar.

APL: Ações Para a Liberdade

Aqui, o que você deve fazer imediatamente:

— Desligue todas as notificações do seu celular.

— Coloque seu celular em modo "não perturbe".

— Desligue todas as notificações de novos e-mails no celular e desktop.

— Desconecte-se das redes sociais para evitar o acesso.

— Estabeleça uma rotina de checar o e-mail no máximo 2 vezes ao dia – se possível 1.

— Prepare uma resposta para as pessoas que "não aceitarem" esse novo comportamento e explique que seu objetivo é melhorar seu trabalho para que possa entregar um melhor resultado para seus clientes e colegas.

Essas são algumas atividades para colocar em prática os hábitos que citei. Assim, você consegue diminuir drasticamente o número de interrupções e, por consequência, concentrar-se no trabalho.

Como Garantir Que Todas as Tarefas Sejam Feitas Sem Que Você Mesmo Tenha De Fazê-las

> "As coisas podem vir para aqueles que esperam. Mas só o que sobrar daqueles que fazem acontecer."
> — Abraham Lincoln

O Artur é um gênio.

Com 19 anos já tinha feito mais que seu primeiro milhão e aproveita a vida como poucos.

Mora em um apartamento duplex de frente para o mar, anda com seu jet ski à tarde e viaja constantemente.

É alguém que admiro e tenho muito orgulho de ter como amigo.

Mas por que cito ele?

Por dois motivos:

Primeiro para dizer que tudo isso que ele ganhou foi de acordo com o que falei aqui: Artur criou um Negócio Lifestyle e expandiu aí.

E ele já vendeu de tudo. Suplementos, e-books, máscaras para ronco, entre tantos outros.

Serve para mostrar quão longe e quão rápido você pode ir com um negócio assim. Realmente não há nenhum tipo de limitação a não ser aquelas que nós mesmos criamos em nossa cabeça.

Você decide e escolhe quão longe e quão rápido quer chegar... *e depois luta por isso!*

Segundo, para passar uma dica que surgiu em uma de nossas conversas quando fui esquiar em uma das maiores estações de esqui da Europa, a Grandvalira.

Grandvalira possui mais de 180 quilômetros de pistas esquiáveis e está localizada em Andorra, um país pequeno que, em 2016, contava com 72.090 habitantes e fica entre as fronteiras da Espanha e França.

Indo para lá que surgiu a dica que quero passar para você agora:

O Artur comentava como ele tem o péssimo hábito de procrastinar.

Que, se dependesse dele, muitas coisas simplesmente não seriam feitas.

Mas sabe em que ele era bom?

Em delegar.

Ele em si não conseguia produzir bem... mas sabia o que deveria ser produzido!

Olhando assim, produtividade, *na visão dele*, não é fazer algo melhor e mais rápido... mas achar a pessoa certa, no melhor preço, para entregar o que ele precisa!

Inclusive, muitas vezes o "melhor preço" pode significar pagar *mais caro* pelo mesmo serviço. Porque, dependendo do trabalho, o barato *realmente* pode sair caro. Um exemplo:

Certa vez eu precisava contratar um programador para desenvolver um pequeno aplicativo para meus sites. A função dele agora não interessa aqui – era algo simples de fazer.

Mesmo com meu conhecimento limitado sobre programação, eu conseguia ver que minha demanda era algo simples.

Então, fui atrás de programadores por meio de plataformas on-line para freelances nas quais você cria um novo projeto com as especificações que espera que a pessoa atenda. Fiz tanto em sites brasileiros como em gringos para comparar e ver o que teria de melhor.

As ofertas variavam bastante. Todos eram supereducados e abriam as comunicações com "Caro senhor, gostaria de..." mais um longo texto explicando por que eram a escolha certa. Junto enviavam também suas propostas:

— Um paquistanês me ofereceu fazer pela bagatela de US$ 11 a hora... mas iria demorar pelo menos 80 horas.

— Um indiano ofereceu fazer por US$ 7 a hora... mas iria precisar de 60 a 120 horas.

— Um polonês ofereceu fazer por US$ 15 a hora... mas não conseguia estimar em quanto tempo faria.

E agora? O que fazer? Quem contratar?

Então, surgiu uma 4ª opção. Um russo. E esse meu amigo Artur já tinha comentado uma vez: para programação os russos são bons! Surpreendentemente, não é só de xadrez e vodca que eles vivem – há outras habilidades em que eles se destacam e muito!

Ilyia (o nome dele) se aplicou para o projeto, mas não enviou nem falou nada. Recebi seu valor por hora automaticamente com o padrão do perfil dele.

Valor: US$ 30 a hora.

Ouch!

Comparando com as outras propostas, a dele parecia muito mais cara, né?

Mas, olhando seu perfil, eu via que era bom: diversos trabalhos concluídos e com ótima qualificação.

Curioso, mandei uma simples pergunta:

"Em quanto tempo você acha que consegue terminar o trabalho?"

A resposta veio no jeito mais russo que consigo imaginar – simples, direto e eficaz:

"4 hours max."

4 horas no máximo.

Compare agora com a "melhor" oferta que tive de todos os outros: no mínimo 60 horas. A um preço de US$ 7 a hora. Isso daria um total de US$ 420 para concluir um simples projeto! Fora todo tempo que teria que esperar!

Agora, compare com o russo Ilyia: 4 horas a US$ 30 a hora – um total de US$ 120!

Fora a praticidade!

O que eu menos quero para projetos assim é ter que escrever longos textos e explicar muito. Quero realmente que com meia... nem meia... **um terço** de palavra o cara já entenda, e mais:

Ainda sugira melhorias.

Estou exigindo demais?

É essa a diferença que um bom programador pode fazer.

Contratei o cara, e dito e feito: nem 4 horas depois (3,5 horas para ser mais exato) eu tinha meu plugin!

Resultado: eu o contratei novamente para mais diversas tarefas!

Em 2 anos de trabalho com o Ilyia, já lhe paguei mais US$ 2.300 por diversos trabalhos concluídos com muito sucesso.

Qual é a Lição Que Fica Para Você Em Seu Negócio?

Fica mais de uma lição, na verdade.

Primeiro, entenda que a verdadeira produtividade é diferente para cada pessoa. Vai mudar de acordo com as condições e em que estágio está em seu negócio.

No início, por exemplo, produtividade para mim era fazer mais em menos tempo. Era muito mais sobre **como** executar as tarefas.

Conforme os negócios cresceram, o foco mudou: hoje se trata muito mais de **o que** do que de **como**. Explico.

Não tem nada mais triste do que ver uma tarefa lindamente executada...

... que nunca deveria ter sido feita em primeiro lugar.

Segundo Warren Buffett, um dos homens mais ricos do mundo dependendo do humor de Wall Street, o maior custo de um negócio é o **custo da oportunidade.** Em outras palavras significa:

O que você perde ao optar pela opção A... e deixar de lado as opções B, C, D e E?

Talvez outra opção desse resultados mais rápidos, com menos esforço e menor custo.

Por isso aquilo em que você decide focar se torna muito mais importante do que **como**. Mantenha em mente:

Uma ferramenta de gerenciamento de tarefas com certeza irá ajudar você a organizar e estabelecer prioridades em um projeto. Mas se aquele projeto ou tarefa não era para ser feito em primeiro lugar, então você só perdeu seu tempo organizando!

Segundo, sempre que notar que sua produtividade não está no melhor nível, utilize a regra de processamento EAD para decidir o que fazer:

— Elimine.

— Automatize.

— Delegue.

Essa ordem é proposital.

Utilize essa regra de processamento e você talvez se surpreenda com a quantidade de coisas e tarefas que pode eliminar por simplesmente perguntar:

"Eu *realmente* preciso disso? Quanto isso vai me ajudar em meu negócio?"

Talvez determinada tarefa realmente ajudaria... mas se há outras 5 que dão muito mais resultados e ainda mais rápido, por que não eliminar a primeira e focar só nas outras?

Aqui uma revelação que eu demorei para descobrir, mas que me ajudou muito:

Só porque um item que você colocou na sua lista de tarefas está lá não significa necessariamente que precisa fazê-lo.

Ou se *realmente* precisa ser feito, não significa que seja *você* que tenha que fazê-lo.

Se você não consegue eliminar, pode tentar automatizar.

Se não conseguir automatizar, pode tentar delegar.

Há sempre uma opção.

E hoje você tem alternativas para contratar pessoas do mundo inteiro. Eu mesmo já fiz isso diversas vezes. Já trabalhei com russos, filipinos, paquistaneses, americanos, poloneses e chineses.

E, claro, brasileiros.

De acordo com o que precisava, certas pessoas e perfis se encaixavam melhor.

E era muito mais produtivo *para mim* simplesmente pagar alguém para fazer determinada atividade. Não só eu iria ganhar mais dinheiro no processo (fazendo outras atividades produtivas), como o trabalho sairia muito melhor!

Há diversas opções de sites e locais onde você pode encontrar trabalhadores e freelancers para ajudá-lo com alguma tarefa. Não as coloco aqui porque muitas mudam. Mas você pode encontrar as melhores em uma lista atualizada que mantenho no seguinte link: **https://www.feriassemfim.com/livro/ferramentas**.

APL: Ações Para a Liberdade

Uma pergunta que recebo frequentemente de quem está começando é esta:

"Como faço para saber o que eu posso ou devo delegar quando estou começando e o dinheiro está apertado?"

Quero ensinar você a resolver isso agora – *antes* de chegar a essa pergunta. E o melhor:

O que você aprenderá agora servirá não só para o início, mas também para os estágios mais avançados do negócio. Nunca é fácil definir o que delegar e quanto pagar pelas demandas que temos.

Para ajudá-lo a se preparar para esse momento, você precisa primeiro saber quanto vale sua hora *futura*. Futura é a palavra-chave. Ou seja, quanto você quer ganhar no futuro. Vamos ver um exemplo para ficar mais claro.

Primeiro preencha os seguintes dados com seus valores *atuais*:

1. Quanto você ganha?
2. Quantos dias por semana você trabalha?

3. Quantas horas por dia você trabalha?

4. E, por último, qual seu valor por hora?

Supondo, então, que você ganha R$ 3.000 por mês trabalhando 5 dias por semana com 8,5 horas por dia, o valor da sua hora será o cálculo com a seguinte equação:

Salário / Dias Por Semana x Horas Por Dia x 4,2 = Seu Valor / Hora

O 4,2 é um número padrão que muitas empresas usam para calcular o valor do mês. Esse número é um arredondamento para facilitar o cálculo mensal já que alguns meses possuem 4 semanas e outros 5.

Se dividirmos o número total de semanas em um ano (52) pelo número de meses (12), chegaremos a 4,33. Descontando feriados e outros dias em que não se trabalha, chegamos a 4,2 como uma média para cálculos assim.

Substituindo:

R$ 3.000 / 5 dias x 8,5 horas x 4,2 (para fechar o mês) = R$ 16,80 / hora

Isso é o que você ganha hoje no seu trabalho.

Agora vamos nos divertir.

Suponha que você queira ganhar R$ 10.000 por mês com seu negócio on-line. Com isso em mente, quanto vale a sua hora? Mas com uma diferença – adicionamos uma pergunta extra:

— Quantas de suas horas trabalhadas são realmente *produtivas?*

Afinal, no seu emprego, se você quiser perder uma hora socializando na cafeteria, ótimo. *Talvez* ninguém note. Agora, quando trabalha para si mesmo, só há uma pessoa que estará enganando:

Você mesmo.

E pode ter certeza: é **assustadora** a quantidade limitada de horas que conseguimos ser realmente produtivos. E por isso até que recomendo que você *trabalhe menos:*

Trabalhando menos, a Lei de Parkinson, que iremos ver em seguida, entra em ação e você foca no que é realmente necessário.

No que faz a diferença.

No que gera resultados.

Para nosso cálculo, recomendo que você, inicialmente, defina que produz na realidade somente de 30% a 50% das horas que trabalha. E eu já consigo ouvir:

"30% a 50%?! Quem você acha que eu sou?! Eu trabalho muito mais que isso!"

Será mesmo? Tente monitorar por uma semana. Talvez você se surpreenda.

Além disso, vamos supor que você queira tirar a sexta-feira de folga e trabalhar só 6 horas nos demais dias da semana. Como ficaria agora nosso cálculo?

R$ 10.000 / 4 dias por semana x 6 horas por dia x 4,2 x 50% de horas produtivas = R$ 198,41 por hora.

Ou seja, se você quiser:

Ganhar R$ 10.000 por mês trabalhando 4 dias por semana e somente 6 horas por dia, precisa fazer com que cada hora valha R$ 198,41.

E o que isso significa? Simples:

Toda e qualquer atividade que puder delegar e cujo valor por hora saia por menos de R$ 198,41, você deveria delegar.

Porque esse é o valor de sua hora para chegar ao seu objetivo. É o mínimo que você deve receber para se dedicar a alguma tarefa.

Entendo que talvez você não tenha agora dinheiro para delegar tudo o que gostaria. E isso não é problema. A ideia é mostrar *antes* como deve ser feito. Depois, conforme você cresce, você delega.

De repente, em vez de tentar fazer aquela imagem para um anúncio que você demora 2 horas e meia, você paga um designer que faz por R$ 50.

Percebe o que acontece aqui?

Ao *pagar R$ 50*, você acabou de "ganhar" R$ 446,02!

Esse valor seria 2,5 horas multiplicadas pelo valor da sua hora (R$ 198,41) menos o valor do designer.

Isso se você fizer render essas 2,5 horas que você economizou. Se você pagar e sair para tomar cerveja não funciona.

A ideia é dedicar seu tempo e sua hora para tarefas mais produtivas.

E, para fechar, vamos um passo além:

Você quer ganhar R$ 10.000 por mês, certo? Isso é importante para você, não é? Se alguém, pelo motivo que for, atrapalhar você em busca desse objetivo, então isso deve ser evitado, concorda?

Então faça o seguinte:

Divida seu valor por hora (nesse exemplo R$ 198,41) por 60. Resultado: seu valor *por minuto*. Que nesse caso seria R$ 3,30 por minuto.

Agora armado com essa informação – que seu MINUTO precisa valer R$ 3,30 –, avalie bem a próxima e toda vez que alguém lhe perguntar:

"Tem um minutinho?"

Afinal, como acabei de provar para você, esse "minutinho" (que na verdade são de 7 a 15 minutos) pode sair caro. **Bem** caro.

Uma pequena conversa inútil de 9 minutos que não agregou nada em sua vida pode sair pela *bagatela* de R$ 29,70.

Valeu a pena?

Era tempo que você poderia ter dedicado a crescer o seu negócio.

Você não precisa ser *obcecado* com relação a isso e controlar o tempo inteiro. Senão você vai enlouquecer. Ainda assim vale a pena ter esse número em mente. Assim você estará constantemente avaliando:

Isso vale o meu tempo?

Não é melhor eu fazer alguma outra coisa?

Faça isso constantemente e você *naturalmente* vai se tornar uma pessoa que vale o minuto e a hora que *escolheu e definiu* em primeiro lugar.

É Realmente Possível "Ganhar Dinheiro Dormindo"?

> "Se você não encontrar uma maneira de ganhar dinheiro enquanto dorme, você vai trabalhar até você morrer."
> — Warren Buffett

Já ouviu essa?

"Ganhar dinheiro dormindo."

Só de falar parece picaretagem, não é?

A verdade é que é, sim, possível. Porque é assim que um Negócio Lifestyle de verdade funciona:

Não importa o que você estiver fazendo, o sistema está lá funcionando. E com isso pode, sim, gerar uma venda enquanto você dorme. Ou quando está no cinema. Ou quando sai para jantar.

Só tem um porém:

Não é todos que chegam até aí.

E isso não fica assim para o sempre e sempre se você não cuidar.

O ideal é você realmente ter uma renda passiva. E que essa seja maior que os custos para manter seu estilo de vida. É tão importante que isso aparece tanto nas 5 regras da liberdade financeira, como também nas Leis de um Negócio Lifestyle.

Se você montar um Negócio Lifestyle da maneira certa, isso é totalmente possível. Mas com dois detalhes:

1. Talvez seu negócio pare de crescer aí.
2. Talvez seu negócio comece a declinar se você nunca mais fizer nada.

Como diria Mark Ford, um dos maiores especialistas em negócios baseados em infoprodutos e também meu mentor:

> "Você precisa ser bastante ativo antes de ter uma renda 100% passiva."
> — Mark Ford

Como exemplo temos o caso que citei aqui para você, o do Cachorro de 29 Anos.

Esse é um que nunca mais mexi. E continua a gerar vendas mês após mês. Mas os 2 pontos anteriores se aplicaram:

1. Ele não cresceu mais do que aquilo que deixei.
2. Pouco a pouco as vendas declinaram e agora estabilizaram em um patamar.

Dependendo do que você quer fazer, de repente isso está ótimo para você.

Talvez você esteja satisfeito com o patamar que o seu negócio atingir e quer agora aproveitar. Viajar. Conhecer o mundo. Aprender a surfar. Acompanhar os filhos crescerem. O que você quiser.

A liberdade é **sua** para escolher como você quer aproveitá-la.

Mas eu não recomendaria que você abandonasse seu negócio totalmente dessa maneira.

Primeiro, porque se não tiver ninguém para manter o negócio rodando – nem você nem outro funcionário –, a tendência é de que as vendas diminuam pouco a pouco. Talvez dure uns bons 2, 3, talvez 5 anos, mas não mais que isso.

Segundo porque você perde o embalo.

Continuar algo que já está dando certo é muito mais fácil que recomeçar. Mesmo que não seja do zero.

E o terceiro motivo é o mais importante:

Se você escolher algo com que gosta de trabalhar e pelo qual tem interesse, então isso não será esforço algum. Bem pelo contrário. Será algo que você fará com muito prazer. Algo que dará sentido e propósito no que você faz.

É aquela sensação de missão cumprida...

... *para depois ir surfar!*

Garanto pra você: isso é muito melhor – especialmente a longo prazo – do que "não fazer nada o dia inteiro". Como eu sei? Porque eu já tentei isso. E falo para você: não é legal. Nem dura.

O que então eu recomendo que você faça?

Adote A Filosofia Férias Sem Fim

"Eu acredito fortemente que a hora mais especial para uma pessoa – com suas maiores realizações de tudo o que ele acha importante – é aquele momento em que ela se matou trabalhando por uma boa causa e está deitada exausta no campo de batalha... vitoriosa."
— Vince Lombardi

Temos como objetivo principal aqui do livro a sua **liberdade**.

E essa é de longo prazo. Afinal, não adianta ter 1 mês de liberdade sacrificando 11, certo?

Dito isso, como funciona a filosofia Férias Sem Fim?

Funciona com base em alguns conceitos. Muitos deles são um resumo de tudo o que viemos aprendendo ao longo desta jornada. São eles:

- Trabalhe com o que gosta e você nunca mais precisará trabalhar na vida.

- Férias a longo prazo precisam ser ativas – ficar sem fazer nada o dia inteiro funciona somente por um tempo limitado.

- Ter um negócio 100% automatizado que gere renda passiva para o sempre é difícil, mas há outro caminho.

Com o seu Negócio Lifestyle montado, ele gerará renda passiva. Ou seja: depois que você dedicou um bom tempo para criá-lo, ele agora continuará gerando renda independentemente se você trabalhar mais ou menos horas em cima dele.

Dito isso, fica claro que, se continuar se dedicando, a tendência é melhorar seus ganhos.

E na outra ponta se inverte: se você parar de se dedicar a ele, pouco a pouco sua renda se perde.

O que fazer, então?

A melhor resposta está em um meio-termo. E é esse meio-termo que compõe a filosofia Férias Sem Fim e se divide em 2 modos:

1. Modo produção.
2. Modo manutenção.

Ao dividir assim você consegue o melhor dos 2 mundos:

No **Modo Produção** você foca em se dedicar e crescer seu negócio...

No **Modo Manutenção** você foca em só realizar manutenção para que seu negócio não decline e talvez até cresça.

Como funciona isso exatamente?

É bem simples até. E fica claro com um exemplo:

Quando estou em um lugar que vou ficar mais tempo, como no Brasil ou em Barcelona onde morei os 2 últimos anos, eu entro em *Modo Produção*.

Isso significa que vou ter uma rotina de trabalho mais constante. Geralmente de 6 a 8 horas por dia dependendo o dia. E note: não é muito menos que uma pessoa trabalharia em um emprego. Só com algumas belas diferenças:

Eu posso trabalhar de Barcelona ou de onde quiser.

Eu escolho meus horários.

E posso fazer de casa ou de um café a minha escolha (meu local preferido).

Não é "não fazer nada".

É sim trabalhar. É trabalhar fazendo algo que me dá prazer e me realiza. E com muita liberdade e qualidade de vida.

Se um dia estou cansado, não trabalho.

Se um dia estou com mais pique, trabalho mais.

Se aparece uma promoção e decido viajar, paramos tudo e vamos viajar.

Se você não tem medo de trabalhar, então isso é uma ótima notícia: você pode agora dedicar seu esforço a algo que faça sentido para você, de casa e nos seus horários. E isso fica ainda melhor.

Porque depois de determinado tempo em Modo Produção – quanto você quiser – eu entro em *Modo Manutenção*. Motivo? Geralmente viagens.

Posso ficar por exemplo 3 meses viajando pela América Central e trabalhando de 1 a 4 horas por dia. Ou mais. Ou menos. A verdade? O quanto eu bem entender.

Porque eu sou *livre*.

Eu escolho a hora e local em que vou trabalhar.

É exatamente assim que eu e tantos outros trabalhamos. Como exemplo tenho meu grande amigo e parceiro Rodrigo Polesso. Talvez você já tenha ouvido falar dele.

Como ele mesmo gosta de dizer, o que ele mais quer é transformar seus interesses e hobbies em fontes de renda. E foi isso que ele fez!

Hoje ele possui mais de um negócio on-line funcionando.

Entre eles um focado em emagrecimento – www.emagrecerdevez.com – e outro de fotografia em parceria com o seu irmão – www.caradafoto.com.

São duas ideias diferentes que começaram com o mesmo sonho:

Rentabilizar um conhecimento que ele já tinha e do qual gostava de falar.

Os seus resultados falam por si próprios.

Hoje ele já viajou e conheceu diversos países ao redor do mundo. Passando por Fiji, Austrália, Havaí, Canadá, Alemanha, França... e a lista segue.

Fora isso, o projeto Emagrecer de Vez é hoje um dos maiores portais de emagrecimento do Brasil. São milhares de vidas e pessoas que o Rodrigo já ajudou a emagrecer e levar uma vida mais saudável.

Você percebe o poder disso?

O Rodrigo e tantos outros transformaram seus hobbies, interesses e histórias de vida em um negócio on-line lucrativo e que faz a diferença na vida das pessoas. Ou seja:

Não só eles podem fazer o que gostam... de onde quiserem... na hora que quiserem... mas também *ganham dinheiro* por isso!

É realmente a combinação ideal.

O próprio Rodrigo já fez isso que mostro para você aqui: separou suas atividades em Modo Manutenção e Modo Produção.

Quando está em casa, está 100% focado em crescer.

Mas quando viajava – e fez isso por praticamente um ano inteiro alguns anos atrás – deixava em Modo Manutenção. Fazia o mínimo para manter os negócios rodando e funcionando. E melhor:

Esse mínimo era realmente muito pouco.

Porque ele *antes* havia feito um excelente trabalho criando as bases de seus negócios. Para que eles não dependessem do esforço e trabalho dele direto para se manter. E não para por aí.

Sei que isso pode soar estranho, mas a verdade é que com apenas algumas horas de trabalho por dia, às vezes acontece de seus ganhos *aumentarem*.

Sim – você não está lendo errado:

Você trabalha menos... *e ganha mais*.

Como pode acontecer isso? A explicação está a seguir.

Ignore Isso E Você Trabalhará Mais Para Ganhar Menos

"O meu objetivo hoje não é fazer mais... mas sim ter menos coisas para fazer."
— Francine Jay

A Lei de Parkinson diz o seguinte:

"O tempo expande para preencher o tempo que determinamos para executar uma tarefa."

Isso significa o seguinte:

Vamos supor que você tem uma tarefa para fazer que leva, digamos, 4 horas. Tempo mais que necessário para concluir a tarefa com qualidade. Agora, digamos que você estabeleça 2 dias para concluir essa tarefa que, teoricamente, leva só 4 horas. Pergunta:

Quando você acha que irá terminar essa tarefa?

Se você é como a maioria, provavelmente vai acabar 2 minutos depois da hora final do 2º dia!

Isso é a Lei de Parkinson em efeito. É ela que faz com que determinada tarefa expanda até ocupar todo o tempo alocado para realizá-la. Mesmo que a tal tarefa pudesse ter sido feita em menos tempo!

Por isso que é mais que importante que você preste bastante atenção quando está determinando quanto tempo irá levar para executar uma tarefa. É um jogo de equilíbrio entre:

1. Estimar corretamente quanto uma tarefa leva para não ter que apressar tudo de última hora.
2. Ao mesmo tempo que não estabelece um prazo muito grande para algo que poderia ser resolvido rapidamente.

E vamos além: quer uma dica rápida de como aumentar e muito sua produtividade?

É uma dica simples e prática que você pode usar hoje mesmo.

E com ela eu garanto que trabalhará no mínimo 1 hora a menos do que geralmente trabalha. Curioso? A dica é o seguinte:

Corte 1 hora de sua rotina de trabalho.

É isso mesmo que você leu – corte 1 hora de seu trabalho.

Se você terminava às 20 horas, pare às 19 horas.

Se você terminava às 19 horas, pare às 18 horas.

E assim por diante.

E quer mais uma dica de como ganhar ainda mais 1 hora de tempo extra?

Corte *mais* 1 hora de sua rotina de trabalho.

"Mas Bruno... Agora você enlouqueceu de vez! Como eu vou fazer isso?! Meu chefe me mata!"

Eu sei. Por isso recomendo que, se realmente quer ser livre, largue seu emprego o quanto antes e coloque seu negócio para funcionar.

Infelizmente as empresas nunca vão concordar e entender essa lógica. Ou pelo menos não vão entender tão cedo. Mas é algo que presenciamos todos os dias em nossa vida.

Hoje não vivemos mais em um mundo onde são horas trabalhadas que contam...

*O que conta mesmo são **resultados!***

Se uma pessoa demorou 40 horas para fazer algo manualmente no computador, enquanto a outra demorou somente 2 horas – 1 hora para pesquisar um software e outra hora para executar –, quem fez um trabalho melhor? Considerando que o resultado de ambas é idêntico?

Com certeza a segunda pessoa, certo? Ela não só fez mais rápido e de maneira mais eficiente, como agora tem um tempo extra para se dedicar a outras tarefas ou – e isso é importante – simplesmente descansar.

O modelo de pensar em "horas trabalhadas" vem da era industrial. E essa já é passado. Àquela época essa ideia fazia sentido porque se dependia muito de linhas de fábricas nas quais uma pessoa conseguia produzir determinado número de peças por hora. E aí fazia sentido:

Realmente trabalhar 8 horas iria gerar mais resultados do que trabalhar só 6 horas.

Hoje?

Isso mudou.

Hoje vivemos na era da informação. Robôs que não cansam fazem esses trabalhos repetitivos. Nós podemos dedicar nossas energias em outras áreas.

Por isso, quando você fizer a troca e começar seu NL, pare de se preocupar em estar ocupado e se preocupe mais em ser *produtivo*.

Afinal, fazendo isso você vai conseguir melhorar seus resultados mesmo em Modo Manutenção, porque você vai *obrigatoriamente* cortar o número de horas trabalhadas. Para aproveitar sua viagem. E com isso a maneira como você gerencia seu tempo irá mudar.

Você agora vai focar no que é essencial. Pois é exatamente isso o que acontece quando temos tempo limitado para realizar alguma coisa.

Não vai acessar rede social nem ver vídeos inúteis que em nada agregam na sua vida.

Você vai focar porque no café onde está você só tem 1 hora de conexão. E depois você quer surfar. E finalizar com uma bela cervejinha (ou água, caso você não beba).

Quando você colocar em prática esse novo comportamento, verá claramente a Lei de Parkinson em ação.

E já adianto:

Em uma empresa tradicional, você nunca vai convencer seu chefe disso.

Por isso que repito aqui:

Pare de trabalhar em um emprego normal e de enriquecer os outros.

Trabalhe em construir os seus sonhos, com as suas regras.

Ao ler este livro você já tem informações que muitos não têm. Isso dá uma vantagem para começar as coisas com o pé direito. Entender essas sacadas nada convencionais e aplicá-las em sua vida.

Até, se você pensar, são somente ideias e sacadas *não convencionais* que podem dar certo, não concorda? Porque, pense comigo:

Se as ideias *convencionais* fossem as melhores... não deveríamos ter mais pessoas livres, fazendo o que gostam e com qualidade de vida?

No entanto, a verdade é bem o contrário.

A verdade é clara:

Se você quer resultados diferentes dos da maioria... precisa fazer diferente as coisas que a maioria não faz!

E por último:

A grande vantagem da filosofia Férias Sem Fim com esses 2 modos é que você é **livre** para fazer como quiser.

Se o seu Modo Produção é de só 4 horas... ótimo!

Ou de repente só 2 horas?

Ou que tal um Modo Manutenção de 6 horas?

Qual o problema? É divertido e você se realiza pessoal e profissionalmente. Por que não?

Lembre-se:

O objetivo é ser livre – o resto é bônus.

E com esses bônus você pode escolher exatamente como quer que sua rotina e sua vida sejam. E isso é literalmente libertador.

SEÇÃO 5
LIBERAÇÃO

Como Ter Suas Férias Sem Fim Em Menos de 6 Meses

"Viajar começa agora. Mesmo que a realidade prática da viagem só aconteça daqui a alguns meses ou até daqui a alguns anos, viajar começa no momento no qual você para de inventar desculpas, começa a guardar dinheiro e passa a olhar mapas com aquela pequena pulga atrás da orelha chamada 'possibilidade'."
— Rolf Potts

Vamos ver rapidamente o que você aprendeu até aqui.

Depois vou mostrar como colocar tudo o que viu em um plano passo a passo para você seguir e alcançar e passar a viver no modo Férias Sem Fim.

Vamos lá então. Você aprendeu que:

— Hoje os Verdadeiros Ricos são aqueles que não só têm dinheiro, mas têm tempo e liberdade para aproveitar o que possuem.

— Que o melhor veículo de um VR é conhecido como um Negócio Lifestyle.

— NLs são negócios on-line simples de criar com um único objetivo: financiar a sua liberdade e o seu estilo de vida.

— A melhor maneira de criá-los é através do modelo 4M: Mercado, Marketing, Mídia e Mercadoria. Além disso, um NL é muito mais relacionado a marketing e empreendedorismo do que a novas tecnologias.

— O produto mais fácil de trabalhar é um produto digital de informação – um infoproduto.

— Vivendo como um VR com seu NL próprio, você tem controle total e absoluto do seu futuro. Quão rápido e quão longe você irá depende agora somente de uma pessoa: você.

Dito isso, qual seria o passo a passo para executar e colocar em prática tudo o que aprendeu aqui?

A melhor maneira é ter um plano simples e bem definido para que você possa seguir. E é isso justamente o que vou apresentar para você agora aqui. Depois recomendo que dê uma olhada e participe do treinamento on-line gratuito sobre o qual já comentei. É lá que passo algumas informações extras atualizadas sobre o assunto.

Agora, há um detalhe bem importante ao qual você deve prestar atenção: Foque no **simples**.

Você deve ter percebido como utilizei essa palavra diversas vezes ao longo do livro. Garanto para você: não é por acaso. Porque é o simples que funciona, como já vimos antes.

Dito isso, é hora de começarmos a planejar as suas Férias Sem Fim como você planejaria suas férias hoje. E como você faz isso? Geralmente é respondendo perguntas do tipo:

— Para onde eu quero ir?

— Quanto tempo quero ficar lá?

— O que vou fazer?

— De quanto dinheiro vou precisar?

— Quais lugares quero conhecer?

E assim segue.

Essas são perguntas que você faria para ter férias bem definidas e específicas de digamos 2 semanas. Mas no modelo Férias Sem Fim as coisas mudam um pouco. E essa mudança tem uma parte boa e uma parte ruim.

A parte boa é que você é totalmente livre para fazer o que quiser.

Visitar o lugar que quiser. Ficar quanto tempo quiser. Fazer o que quiser.

A parte ruim é que às vezes liberdade demais acaba nos paralisando.

Isso pode parecer sem sentido. Mas há diversos estudos de como muitos dos problemas hoje são causados justamente porque temos opções demais.

No excelente livro *O paradoxo da escolha* (Girafa, 2007), o autor Barry Schwartz comenta esse fato. A paralisação que sentimos ao ter opções demais se dá porque, ao fazer uma escolha, sentimos que ignoramos tantas outras. E com isso outro efeito interessante acontece.

O efeito "a grama sempre é mais verde no vizinho".

Você talvez já tenha ouvido falar dessa. E nesse caso se aplica muito bem:

Por algum motivo nosso cérebro tem mania de querer nos enganar. No momento em que algo não está mais disponível – por termos escolhido ir para a Austrália e *não ir* para a Suíça, Islândia, Havaí, Fiji, África do Sul, Madagascar e tantas outras opções do mundo –, ele começa a nos pregar peças.

Será que tomamos a decisão certa?

Será que é aí que vou tirar mais proveito?

Será que não deveria ter escolhido outro lugar?

Comento sobre isso aqui porque é importante. É entendendo essa armadilha que você vai conseguir planejar suas Férias Sem Fim. E recomendo que o faça em dois passos. Eles são:

1. Como conquistar sua liberdade no menor tempo possível.

2. Como descobrir e definir seus verdadeiros objetivos com um exercício prático de 7 minutos.

Vamos ver agora cada um deles para entender como funcionam.

Como Conquistar Sua Liberdade No Menor Tempo Possível

"Nem eu nem ninguém vai socar você tão forte como a vida. Só que não é uma questão de quão forte é o seu soco, mas sim quanta porrada você consegue aguentar e continuar andando pra frente. É assim que as vitórias surgem."
— Rocky Balboa

Lembra que falei que gosto das coisas simples? Pois é. Esse é um caso. Por quê? Porque eu quero que você mantenha em mente o tempo inteiro nosso objetivo com este livro:

Ser livre.

O resto é bônus.

Pensando assim, o primeiro passo para suas Férias Sem Fim é o seguinte:

Busque criar um Negócio Lifestyle que gere uma renda igual ou superior ao que você ganha no seu emprego.

Esse é o primeiro passo. É bem específico e direto ao ponto.

Ele é assim porque seu objetivo é ser livre. E a maneira mais direta para conseguir isso é simplesmente ao fazer o que recomendei:

Ganhar igual ou mais que seu trabalho atual com um Negócio Lifestyle.

Assim você:

1. Tem a mesma renda que teria em seu trabalho.
2. Pode trabalhar com o que gosta e em seus horários.
3. De onde bem quiser.
4. E ainda num negócio que permite a você crescer com um risco bem baixo.

Entende o que isso significa? Exato – você é **livre**. O resto que vamos ver agora é bônus. E um *belo* bônus.

De início é isso que eu recomendo.

Simples e direto.

Mantenha isso em mente todos os dias e terá um alvo claro para onde mirar. Faça isso e perceba a clareza e a confiança que ganhará ao simplesmente ter uma meta e um objetivo bem definidos.

"Mas e a minha mansão?! E a minha Ferrari?! E meus jantares estupidamente caros em Paris?!"

Calma. Tudo a seu tempo.

Primeiro a liberdade. Depois os bônus. Foi inclusive isso que eu recomendei para o Fabiano M. Ele, junto com a Raquel F., sua esposa, são clientes meus que vêm crescendo ano após ano.

O estudo de caso dele, bem como de tantos outros, você pode ver em: **https://www.feriassemfim.com/livro/depoimentos**. O Fabiano criou um negócio com a ideia de ensinar as pessoas a fazer lembrancinhas.

Começou como muitos que comentei aqui:

Com uma pequena ideia, escrevendo artigos e passando dicas da maneira que fosse possível.

Daí cresceu. Hoje tem um site e canal já com diversos seguidores. E inclusive seus cursos expandiram. Parecido com o Davi e o Lukas – que começaram ensinando manutenção de computadores –, ele adicionou novos produtos a seu catálogo.

Ideias que surgiram das próprias demandas de seus seguidores e clientes. O que é uma ótima maneira de achar novas ideias de como expandir.

Com isso, Fabiano criou cursos de como utilizar o Photoshop, por exemplo, até cursos de como criar um negócio local de lembrancinhas.

Assim como foi para ele, as possibilidades para um Negócio Lifestyle são inúmeras.

E tudo começa com o que venho falando para você aqui:

Descobrindo as Novas Distinções do mundo moderno... entendendo os 4 fundamentos de todo negócio on-line... e finalmente os colocando em prática!

Um passo após o outro.

No seu ritmo, do seu jeito.

Isso não é uma corrida nem uma competição. Você só compete com si mesmo. Se alguém fez mais ou mais rápido, não interessa. Isso nem de longe significa que você é pior ou melhor. Simplesmente significa o que é:

Alguém teve resultados melhores mais rapidamente.

Grande coisa.

Geralmente é a nossa interpretação dos fatos que ferra com a nossa atitude.

Confie em mim: faça seu jogo, confie no seu taco e bola para a frente. Cada um tem seu ritmo.

Agora, na hora de conquistar nosso primeiro objetivo – ser livre –, há duas recomendações que eu gostaria de fazer pra você:

Primeira, estabeleça um colchão financeiro antes de largar seu emprego.

Eu pessoalmente fiz totalmente o contrário: larguei tudo antes de sequer começar e me dediquei 100% a desvendar esse tal mundo on-line.

Funcionou? Para mim sim.

Recomendo? Não. Porque coloca uma pressão desnecessária em você.

Se você tiver família que depende de você, é menos recomendado ainda (eu fiz quando ainda solteiro e sem filhos, o que com certeza facilita na hora de assumir certos riscos).

De quanto tem que ser esse colchão?

Depende de você, seus gastos e sua confiança em seu negócio.

Muitos recomendam um colchão financeiro de 6 meses. Ou seja: se o dinheiro parar de entrar, você consegue se sustentar sem problemas por pelo menos 6 meses. Acho que é um bom início.

Utilize 6 meses como meta e ajuste para seu caso.

Pode ser de repente só 3 meses. Ou quem sabe 12 meses. Você quem sabe. Assim como seu NL, essa é uma mudança importante não só aqui, mas em toda a sua mentalidade de como você encara a vida:

Assuma responsabilidade por tudo o que acontecer em sua vida.

Não culpe o governo. Nem sua família. Nem as condições. Nem a economia. Nem os "ricos gananciosos". Nem ninguém.

Você e somente você é inteiramente responsável pelos resultados da sua vida.

Sim, você pode ter um início mais difícil que os outros. Verdade. Mas o que interessa é o seguinte: o que você vai fazer a respeito?

Vai chorar o resto da vida porque seu começo é mais difícil? Ou vai assumir a responsabilidade e fazer o que tem que ser feito? Porque garanto:

Alguém começou em uma situação pior que a sua e conquistou tudo o que queria na vida.

Por isso o fato permanece: **você pode.**

Basta acreditar e assumir a responsabilidade.

Não adianta citar alguma frase de efeito de manhã na frente do espelho. Isso só gera uma motivação temporária que não dura. Porque você pode sorrir e fingir quanto quiser... quando a realidade chega socando, ela dói, e dói muito.

E para isso você precisa estar firme no chão ciente de aonde quer chegar.

Só assim para vencer os desafios e seguir em frente.

Segunda, como um guia – mas que não é uma regra –, por exemplo, se você ganha cerca de R$ 3.000 por mês com seu NL, trabalhando nem meio turno, a tendência é de que você pelo menos *dobre* esse valor quando se dedicar em tempo integral.

Vale o aviso:

Se você trabalha 2 horas por dia no seu negócio e ganha R$ 1.000 por mês com ele, se começar a trabalhar 10 horas por dia, provavelmente o rendimento não vai acompanhar proporcionalmente. Ao menos não imediatamente.

Isso acontece pela Lei de Parkinson que citamos antes:

A tendência é de que, ao trabalhar mais horas, você não seja tão focado como em 2 horas. Por isso você até produz e trabalha mais... *mas em geral traz menos resultados por hora trabalhada.*

Até por isso que recomendo e recomendei que você limite suas horas de trabalho. Considero de 4 a 6 horas por dia um bom número. Produzo o suficiente e me mantenho focado para não me distrair como se tivesse mais tempo.

Então, cuidado ao achar que, "se eu agora largar tudo e só me dedicar a isso, vou multiplicar imediatamente meu ganhos". Provavelmente não vai. Leva um tempo e ajuste até isso acontecer.

APL: Ações Para a Liberdade

Para dar os primeiros passos para a conquista da sua liberdade, preparei uma tabela auxiliar que você verá abaixo.

> Se quiser, pode baixar a versão on-line dela – bem como outros materiais complementares – em:
>
> **https://www.feriassemfim.com/livro/material.**

Tudo o que você precisa fazer é seguir os passos de acordo com a apresentação da tabela!

A 1ª etapa é muito importante. Nela ainda não vamos colocar grandes sonhos ou objetivos como viagens longas, carros ou apartamento. Isso virá no próximo passo.

O primeiro objetivo é ser livre. E é sobre isso que a 1ª parte trata.

Depois de conquistar sua liberdade financeira, geográfica e de tempo – ou seja, depois de conseguir ganhar, com um Negócio Lifestyle, mais do que você ganha – aí sim vamos para a 2ª parte: estabelecer seus grandes objetivos e sonhos e descobrir qual é o passo a passo para conquistá-los.

Garanto para você: é muito mais fácil correr atrás desses depois que você tem controle total da sua liberdade. Isso permite decidir como dar os próximos passos com muito mais qualidade de vida e tempo.

Então vamos lá:

CONQUISTE SUA LIBERDADE

1. **Seus gastos atuais:** no 1º passo você deve listar todos os gastos que tem atualmente. Recomendação: procure anotar por 1 mês inteiro com bastante detalhes tudo o que gasta. É incrível nossa *péssima* capacidade de estimar quanto realmente gastamos ou até quanto tempo certas tarefas levam para serem feitas. Feito isso, preencha a 3ª coluna estimando gastos que você poderia eliminar ou reduzir. Tudo para encurtar o seu caminho até a sua liberdade.

1. Seus gastos atuais:		
Luz	R$ 400	R$ 350
Gás	R$ 500	R$ 400
Aluguel	R$ 1.400	R$ 1.400
Condomínio	R$ 350	R$ 350
Alimentação	R$ 1.000	R$ 850
Transporte	R$ 500	R$ 400
Dívidas	R$ 700	R$ 400
Entretenimento	R$ 550	R$ 500
Roupas	R$ 300	R$ 250
Outros	R$ 1.300	R$ 1.200
(...)		
Total	R$ 7.000	R$ 6.100

2. **Quanto você pode ganhar:** nesta tabela decida com que tipos de produtos você quer trabalhar, estime uma comissão

ganha por dia de cada um e veja quantas vendas precisaria fazer de cada um deles para atingir seu objetivo. Não inclua a renda do seu possível emprego aqui porque a ideia é justamente se livrar dele e ser totalmente livre para se dedicar exclusivamente a seu negócio próprio.

2. Quanto você pode ganhar:				
Descrição	Valor	Vendas Por Dia	R$ Por Dia	R$ por Mês
E-books	R$ 47	1	R$ 47	R$ 1.410
Cursos em áudio	R$ 197	0,5	R$ 98,50	R$ 2.955
Área de Membros				
Comunidade				
Assinatura				
Webinários e Aulas On-line				
Serviços				
Coaching				
Masterminds				
Eventos ao vivo				
Palestras				
Software				
Total			R$ 145,50	R$ 4.365

3. **Deixe uma folga:** multiplique o valor dos seus custos por 1,25 (25% a mais) para deixar uma folga para eventuais surpresas. Pode ter certeza: elas *sempre* aparecem.

3. Deixe uma folga		
Custo	R$	6.100
Ideal (1.25x)	R$	7.625

4. **Valores para a liberdade:** veja agora os números que você deve focar no seu dia a dia – isso é o quanto falta para você ser livre. Também já veja qual é o valor de um colchão financeiro recomendado para 6 meses – para evitar qualquer surpresa desagradável.

4. Valores para a liberdade		
Você está a	R$ 3.260	por mês de ser Livre
Você está a	R$ 108,67	por dia de ser Livre
Idealmente	R$ 42.000	seria seu colchão financeiro

5. **Valor da sua hora:** agora estabeleça quanto você quer ganhar com seu negócio, qual seu nível de produtividade e veja quanto a sua hora deve valer para alcançar seus objetivos. Comece a tomar todas as decisões, como aceitar o famoso "minutinho", sempre pensando nesse número.

5. Valor da sua hora		
Horas por dia		6
Dias por semana		4
Horas por semana		24
Horas por mês		100,8
Produtividade real		50%
Quanto você quer ganhar	R$	10.000
Valor por hora	R$	198,41
Valor por minuto	R$	3,31

Dica extra: escreva bem grande em uma folha de papel os dois principais números que você deve focar – quanto você precisa por dia para a sua liberdade e quanto precisa valer sua hora.

Cole em um local bem visível para sempre se lembrar para onde está mirando.

Agora pode parecer que você *nunca* vai esquecer, mas garanto que a gente tem uma mania de deixar de lado os objetivos que colocamos algum tempo atrás. E se não soubermos aonde queremos chegar, vai ficar bem mais difícil cumprir nossa missão.

Agora vamos para o próximo capítulo, onde você vai aprender um exercício rápido que literalmente mudou minha vida. Foi a partir dele que comecei a conquistar todas as metas que colocava para mim. E o melhor:

Eram os meus objetivos *reais*. Aqueles que realmente me importam e fazem a diferença nessa vida.

O mundo está cheio de pessoas que batalharam anos e anos por um objetivo para, depois, chegando ao final, olharem para trás e se darem conta:

"Não era bem isso o que eu queria...".

Não deixe que isso aconteça com você!

Como Descobrir E Definir Seus Verdadeiros Objetivos Com Um Exercício Prático De 7 Minutos

> "Muitas pessoas fracassam na vida não porque miraram muito alto e erraram... Mas sim porque miraram muito baixo e atingiram."
> — Les Brown

Agora quero ensinar para você uma técnica chamada o Dia Médio Perfeito.

Essa é uma técnica que aprendi com um dos meus mentores e que ensino em vídeo em meu canal no YouTube:

https://www.youtube.com/empreendedordigitalx.

Ela é bem prática e – com o perdão da palavra – libertadora. E não falo isso por falar ou porque é o que viemos falando ao longo deste livro.

Falo porque realmente é.

Para mim fez uma grande diferença em minha vida. Deixou tudo mais claro e me ajudou a acertar o alvo. Descobri que muito do que achava que queria não era bem verdade. E outras coisas que pareciam sem importância vieram à tona. E o melhor de tudo?

Você pode fazer agora mesmo com um papel e caneta.

Recomendo um bom vinho ou um café na sua cafeteria favorita.

Primeiro vou explicar como funciona o exercício. Depois vamos estabelecer algumas regras para que você possa colocar tudo em prática.

Então, como funciona o Dia Médio Perfeito (DMP)?

A técnica DMP vem para solucionar o desencontro entre os objetivos que as pessoas se colocam e suas realidades. E não porque seus sonhos não podem ser reais, pelo contrário. Ainda assim, falta *algo* entre esses 2 pontos. E o DMP é o que preenche esse espaço.

Para explicar, vamos ver alguns dos ditos objetivos e sonhos que as pessoas costumam ter:

— Ter uma Ferrari.

— Morar em uma mansão.

— Pular de paraquedas.

— Passar o dia em um iate se divertindo.

— Ser milionário.

— Viajar o mundo.

— Ser famoso.

Esses estão bons para começar.

Percebe os problemas neles? Há dois:

1. Primeiro que eles não são nada específicos. O que não ajuda.

2. Segundo, muitos deles são atividades momentâneas sem levar em consideração o dia a dia.

Pense assim:

Você acha que iria andar de iate *todo santo dia*?

Ou pular de paraquedas todo dia?

Ou dirigir uma Ferrari para cá e para lá todo o tempo?

Ou viver viajando o tempo inteiro sem tempo para mais nada?

E, se você for viajar o tempo inteiro, como vai dirigir sua Ferrari ou andar em seu iate todos os dias?

Você pode deixar seu iate ancorado. Pode. Mas o custo para isso não é nada baixo. E, dependendo de quanto tempo viajar, vale mais só alugar quando você quiser.

Percebe como existem alguns desconexos nessas ideias?

Isso é falta de clareza em seus objetivos.

Você até pode fazer algumas dessas atividades todos os dias. Mas a tendência é de que muitas sejam apenas desejos que você quer experimentar... mas que talvez não façam parte do seu dia a dia.

E aí entra o **Dia Médio Perfeito.**

O objetivo com o DMP não são seus objetivos únicos, aqueles que acontecem uma única vez. O DMP é realmente o que o nome implica:

O seu Dia Médio Perfeito.

Ou seja: como você gostaria que fosse a sua rotina em um dia normal?

Não no melhor dia da sua viagem andando de camelo pela manhã no deserto, de helicóptero à tarde ou com um jantar em Paris pela noite. Não.

Esses dias são mais exceções que regras. Ninguém vive assim o **tempo** inteiro.

Ok, algumas pessoas sim. Mas sinceramente você não deve ter inveja. Porque reflete a imagem dos falsos ricos que a mídia projeta. E estamos interessados em ser Verdadeiros Ricos.

Devemos entender que não é questão de "não fazer nada", mas sim fazer algo que nos realize pessoalmente com liberdade e qualidade de vida.

É por isso que o DMP o força a se perguntar:

Como você gostaria que fosse sua rotina em um dia normal?

Como, por exemplo, a minha rotina em Bali? Lembra? Aquela em que eu trabalhava de 5 a 6 horas por dia, surfava e depois ia dormir. Trabalhar, surfar, dormir. Nada mau, não?

Esse era o meu Dia Médio Perfeito da época.

E entre esses dias – que já eram ótimos e maioria – eu tinha outros especiais. Como quando mergulhava com tubarões nas Filipinas. Ou aprendia *kite surf* no Vietnã. Ou tomava uma cerveja pra lá de cara no topo do Marina Bay Sands, em Cingapura.

Mas aqui o principal para manter em mente:

Os meus dias médios – a minha rotina – já correspondia a 90% da minha felicidade. Porque era a soma de liberdade com qualidade de vida. O resto? Bem, o resto era bônus. E muito bons.

Então imagine assim:

Pense você em uma terça-feira qualquer e aí responda: como você gostaria que seu dia fosse? Onde você estaria? O que você faria durante o dia?

Há muitas outras perguntas que vou colocar em uma lista em seguida. Antes disso precisamos estabelecer as regras:

— **Sem restrições pessoais**: finja que você pode tudo. Mesmo que você não saiba exatamente como. Você pode trabalhar com o que quer e quando quiser. O objetivo é primeiro definir o que você quer. Depois descobrimos como transformar em realidade.

— **Sem restrições geográficas:** você pode morar onde quiser. E por quanto tempo quiser. Mesmo que não saiba como ainda. Depois descobrimos se é ou não possível.

— **Sem restrições financeiras:** finja também que dinheiro não é um problema. Pense realmente no que você quer. Quer jantar fora todos os dias? Viajar mais? Ou se contenta com o churrasco da esquina? Você escolhe.

A ideia é dar o ingrediente que falta ao quase clichê que muitos tentam empurrar com todas as forças. Porque realmente soa bonito e causa impacto. Sabe qual é?

"Siga seus sonhos."

Lindo. Acho que realmente temos que seguir e acreditar em nossos sonhos. Mas fica a pergunta:

Eu sei exatamente qual é o meu sonho e os passos para chegar até ele?

É aí que o exercício do Dia Médio Perfeito entra.

Aqui o objetivo não é sonhar por sonhar, mas sim imaginar e ver claramente como você quer que sua vida seja.

Não um dia excepcional em que você pulou de paraquedas e à noite jantou sob a luz de velas no cruzeiro. Você vai ter esses dias sim. Mas eles vão ser só alguns. Talvez 10 ou 15 (tempo normal de um cruzeiro).

O que queremos é o que você vai fazer nos outros 350 dias.

Qual cara esses dias irão ter? Porque eles irão ocupar a maior parte do seu tempo.

Aqui algumas perguntas para ajudar você a pensar no seu DMP e depois alguns exemplos de trechos do meu DMP quando o escrevi alguns anos atrás. E adianto para você: é assustador como muito do que escrevi pouco a pouco virou realidade.

Sempre que travar, lembre-se do acrônimo OQOCQQQ: O Quê, Onde, Como, Quando, Quem, Quanto.

As perguntas mais importantes para definir a sua rotina ideal utilizam essas variações.

Então, para elaborar o seu DMP responda:

— Onde você está?

— Com quem você acorda?

- Que horas você acorda?
- O que você enxerga em seu quarto?
- O que você faz logo que acorda?
- Que horas você acorda?
- Quantas horas você trabalha por dia?
- De onde você trabalha?
- Quanto tempo você dedica aos esportes e à sua saúde?
- Quais esportes você pratica e quantas vezes por semana?
- Como é o seu almoço? E o seu jantar?
- Como é seu parceiro(a)?
- Seus filhos estão juntos?
- Quem são seus parceiros de negócios? Que tipo de pessoas eles são?
- O que você faz durante a tarde?
- Como é a sua casa? Simples? Grande? Aconchegante? Moderna?
- Como é sua sala? E sua cozinha? E seu banheiro? E seus móveis?
- Você tem alguma viagem programada? Para onde? Qual seu próximo destino?
- Quantas vezes por semana você janta fora?
- Você possui muitas posses? Quais?

Essas são só algumas das perguntas para começar. Nem de perto são as únicas. O objetivo é você escrever a resposta para uma pergunta que 95% das pessoas caminham sem saber:

O que você quer desta vida?

Essa é a resposta que estamos procurando. É algo real. Palpável. Não o que vai acontecer 1 ou 2 vezes por ano... mas sim a sua rotina e o seu dia a dia.

Aquela que vai ocupar a maioria de seus dias e que provavelmente conterá uma boa dose de trabalho.

Lembra que eu falei que ao fazer esse exercício tive algumas revelações importantes? Uma delas:

Achava que queria determinado carro e certa casa. E tais roupas.

A verdade?

Não queria nada disso.

Hoje viajo com uma maleta de mão com minhas roupas, que nem preciso despachar, e uma pequena mochila na qual levo laptop e outros materiais de que preciso para o meu negócio (câmera, microfone etc.). Simples e prático.

Sabe em que penso quando vejo isso?

Liberdade.

Poucas posses, pouca dor de cabeça. Porque aprendi com outro mentor:

"O que você possui acaba possuindo você."

Pense em seu carro: quantos custos? Quanta manutenção? Quanta dor de cabeça? E no Brasil ainda... *se roubarem?* Se me assaltarem?

E não estou dizendo que você não deva desejar ter um carro – se esse é seu objetivo, vá em frente! Dou todo o meu apoio. O que eu quero dizer é outra coisa:

Tenha muito cuidado com o que você deseja.

Porque isso talvez se torne realidade. E se você só descobrir depois de muitos anos que não era bem aquilo que queria, depois de ter lutado tanto por isso, é uma decepção muito grande. Afinal, você talvez tenha desperdiçado alguns bons anos da sua vida para no final se dar conta:

"Não é isso que eu queria."

E pode ter certeza: isso acontece. E bastante.

Por isso recomendo que faça o DMP agora ou logo depois de acabar o livro. Vai dar uma clareza enorme sobre o que você realmente quer da vida.

Leve um papel e caneta (ou o laptop) para um café, desligue tudo e responda:

Como eu quero que a minha vida seja?

E escreva tudo. Sem medo, sem restrições. Primeiro vamos descobrir o que você quer *de verdade*. Depois a gente vê como tornar isso realidade.

APL: Ações Para a Liberdade

Aqui você já tem todas as instruções do que deve fazer para definir o seu Dia Médio Perfeito e descobrir exatamente como quer que sua vida seja daqui 1, 5 ou até 10 anos.

Recomendo que, quando possível, vá à sua cafeteria favorita, desligue todos os aparelhos móveis e dedique um tempo para responder a pergunta mais importante da sua vida e para a qual muitos, infelizmente, não têm resposta:

O que eu quero da minha vida?

Em todos os sentidos:

— Quem você quer ser?

— Como você quer ser reconhecido?

— Quais habilidades você quer ter?

— Quais conquistas você quer ter alcançado?

Há até um exercício extra caso queira para complementar e ajudar a destravar:

Imagine que se passaram alguns bons anos e você chegou ao fim da sua vida. Sim, você morreu. Calma, que logo vai ficar claro.

Imagine que faleceu por causas naturais. Viveu uma boa vida e agora chegou o seu tempo. Seu funeral é na próxima sexta-feira. Tente imaginar a situação e responda algumas perguntas, como:

— Quem está lá?

— O que você gostaria que as pessoas que importam falassem de você?

— O que você gostaria que o seu parceiro(a) de vida falasse de você como sua alma gêmea?

— O que você gostaria que seus filhos e filhas falassem de você como pai/mãe?

— O que você gostaria que seus colegas de trabalho ou funcionários falassem de você?

— O que você gostaria que seus amigos comentassem sobre você?

Isso será um belo indicativo do que realmente importa para você.

Depois transforme tudo o que gostaria que as pessoas falassem em atitudes práticas. Atitudes que você pode ter no dia a dia. Por exemplo:

— "Ele era um marido muito carinhoso e amável" significa que você deve demonstrar todos os dias afeto para o seu(sua) parceiro(a).

— "Ele era muito generoso" significa que você deve começar a doar de repente 10% ou 20% dos seus ganhos para uma causa? Ou dedicar 1 dia por semana para a caridade?

— "Ele tinha uma saúde de ferro" significa que você deveria se exercitar todos os dias e cuidar do que come.

É um exercício bem interessante.

Comece primeiro fazendo o DMP, que dará uma visão geral de tudo o que você quer nesta vida. Depois, caso queira complementar – ou caso esteja com dificuldades para definir melhor o seu DMP –, utilize este segundo exercício bônus para analisar claramente o que importa para você.

Após isso, utilize a tabela abaixo para esclarecer e revelar o exato passo a passo do que precisa fazer para alcançar seus objetivos.

Você pode também baixar a versão digital dessa tabela no seguinte link: **https://www.feriassemfim.com/livro/material**.

BÔNUS E DIVERSÃO

1. Como você imagina seu Dia Médio Perfeito (DMP) daqui 5 anos?
2. Como você pode tornar isso realidade não em 5 anos, mas nos próximos 12 meses?

Para ajudá-lo a responder essas perguntas, siga os passos a seguir:

— Estabeleça seus objetivos de longo prazo.
— Pense o que você precisa conquistar nos próximos 6 meses para isso acontecer.
— Reduza seus objetivos mensais e semanais.
— Por último, descubra o primeiro passo que você precisa fazer hoje para tornar seu sonho uma realidade. Palavra-chave: Primeiro e Hoje.

1 Ano	6 Meses	Mês	Semana	Dia	Custo
Apartamento					
Carro					
1 semana no Havaí					
(...)					

Lembre-se: o primeiro objetivo e passo é ser livre. Ou seja: conseguir ganhar com um Negócio Lifestyle mais do que você gasta para mantê-lo.

Feito isso, aí sim partimos para todo o resto: nossos bônus e diversões.

E que fique claro: você não precisa esperar estar livre para colocar seus objetivos nesta segunda tabela. Isso até seria um erro.

O que recomendo que você faça é já preenchê-los. Esses que fazem parte do seu Dia Médio Perfeito.

Sim, inicialmente seu foco deve ser conquistar sua liberdade de acordo com os números que vimos na primeira tabela. Mas isso não impede que você já coloque no papel o que quer fazer depois. E mais: usar isso como motivação para trabalhar o que precisar dia após dia!

Essa tabela é ainda mais fácil de preencher do que a primeira que vimos:

— **1º passo:** tenha seu DMP em mãos ou, se ainda não o fez, faça isso antes de continuar.

— **2º passo:** depois, para cada um dos seus objetivos ou do que faz parte do seu DMP, faça uma pergunta que Peter Thiel, um dos cofundadores do Paypal, costuma fazer: "Como eu posso tornar meus planos de 10 anos em realidade em apenas 12 meses?".

— **Lembre-se:** faça boas perguntas e, talvez, terá boas respostas.

— **3º passo:** agora escreva na primeira coluna tudo o que você acredita que poderia fazer em 1 ano.

— **4º passo:** a partir desses, vá retrocedendo e escreva o que você precisa ter ou fazer em 6 meses, neste mês, nesta semana e, principalmente, *hoje*.

Agora é uma questão de levantar e fazer acontecer.

"Ah, Bruno, mas eu não tenho nem ideia do que fazer para conseguir alcançar meu objetivo! Como faço?!

Muito simples: deixe em branco os períodos mais longos e coloque na atividade de hoje a seguinte tarefa:

— Descobrir o passo a passo exato do que eu preciso para definir meu plano de 1 ano para alcançar meu objetivo.

Fácil não?

Dica 1: faça algo *hoje*. Assim que parar ou terminar este livro, faça algo *hoje* que avance você em direção aos seus objetivos. Qualquer coisa, por menor que seja. Garanto que vai ajudar.

Dica 2: Se você não sabe ainda exatamente o que vai procurar, por exemplo, então busque fotos na internet daquilo que você quer e salve em uma pasta chamada "Minha Vida". Coloque lá e abra essa pasta para olhar e se inspirar todos os dias. De preferência quando você acorda e antes de dormir.

E algo importante:

O nome da pasta em si é crucial: não é "Objetivos de 5 Anos" e muito menos "Minha vida em uma data futura, que nunca vai chegar porque está sempre no futuro".

É "Minha Vida". Ponto.

Fizemos assim porque o cérebro não sabe diferenciar o que é realidade do que não é. E quanto mais você martelar nele que essa "sua vida" já é uma realidade – mesmo que ela ainda não tenha acontecido – seu cérebro *automaticamente* vai agir para que isso se torne verdade.

E aí adivinha só o que vai acontecer? Quando você menos esperar, o que eram somente fotos em uma pasta se tornará a vida que você vive todos os dias!

E essa é uma das melhores sensações do mundo!

Rumo Às Suas Férias Sem Fim!

"Eu sou o mestre do meu destino. Eu sou o capitão da minha alma."
— William Ernest Henley

Conseguiu ver a importância de escrever o seu Dia Médio Perfeito?

É com ele que você vai ter claro o que você quer desta vida.

Não só objetivos e sonhos, mas também a sua rotina diária. Aquela que irá ocupar de 50% a 90% do seu tempo (dependendo de quanto você decide alternar entre os modos Produção e Manutenção).

Lembre-se: a ideia é primeiro conquistar sua liberdade. Ser livre. O resto é bônus. E por isso que funciona.

APL: Ações Para a Liberdade

Ufa! Vimos bastante coisa até aqui. E por isso teremos uma boa lista de tarefas para executar. Por ordem, recomendo que faça assim:

1. Se ainda não o fez, faça o exercício do Dia Médio Perfeito. É um dos mais importantes para deixar claro o que você quer fazer com a sua vida, como você quer viver e como quer se sentir.

2. Depois quero que você estabeleça um preço. E isso vai soar estranho, mas o preço que eu quero que você estabeleça é o *preço da sua liberdade*. Ou seja: a qual rendimento você quer chegar com seu negócio on-line para que possa se dedicar 100% a ele? É aí que vamos focar.

3. Agora estabeleça um segundo número: qual a renda a que você quer chegar com seu negócio para se permitir fazer sua primeira viagem financiada pelo seu Negócio Lifestyle?

Esses exercícios e a ordem em que são feitos são importantes por certos motivos.

Primeiro, você estabelece suas prioridades de maneira clara. Sabe exatamente o que quer.

Segundo, você estabelece um primeiro número para focar – o "preço" da sua liberdade por assim dizer. Esse será o seu primeiro passo.

Terceiro, para que você não perca o foco e faça como muitos –

chegam ao primeiro objetivo e acham que "já está bom" –, estabeleça um segundo objetivo. Essa será a renda a que você quer chegar para poder viajar.

Essa é uma técnica de produtividade que eu ensino em meu curso de produtividade, a Universidade da Alta Performance.

A técnica em si se chama Objetivo Duplo.

E o propósito é esse que expliquei: não deixar que o *momentum* que você criou para chegar ao seu primeiro objetivo se perca. Pode parecer estranho, mas já vi acontecer muitas vezes. Inclusive comigo.

A primeira vez que eu fui viajar já trabalhando 100% on-line eu achei o máximo. Mas adivinha só: 2 meses depois eu já sentia falta de algo. Alguma coisa para me sentir útil. E foi aí que descobri:

Precisava de um novo objetivo em meu negócio para me manter focado.

A minha liberdade eu já havia conquistado. Agora estava na hora do próximo passo:

Ajudar todas as pessoas que eu conseguisse alcançar – amigos, familiares, leitores etc. – a alcançarem o mesmo objetivo.

É por isso que eu luto todos os dias...

É por isso que eu levanto da cama com toda a disposição do mundo...

É por isso que eu tenho a motivação necessária para fazer o que tem que ser feito.

E é justamente sobre *motivação* que vamos falar agora.

SEÇÃO 6
REALIZAÇÃO

A Maior Causa De Fracasso – E Como Evitá-La

> "Tudo sempre parece impossível até que é feito."
> — Nelson Mandela

Tudo o que você leu até aqui pode ir por água abaixo por conta de um simples fator.

É o que governa todas as suas ações e dita exatamente quão rápido e quão longe você irá chegar. Sabe qual é?

Você.

Minto – na verdade é sua mentalidade. Que é o que define você.

Porque eu posso ficar aqui páginas e mais páginas mostrando como é possível um Negócio Lifestyle transformar sua vida... Mostrando inúmeros estudos de caso, provas e mais provas do que é possível ser feito. Mas não adianta...

Se você não acreditar que pode e fizer algo a respeito, agindo para realizar seus planos, então não vai adiantar nada.

E fique tranquilo:

Isto aqui não é papo de autoajuda barata com frases clichês do tipo "acredite em seus sonhos" e "faça o que você ama". Inclusive algumas dessas eu já provei que são besteiras e até perigosas se não forem acompanhadas de um planejamento e prática dos conceitos que vimos aqui.

Não.

O que eu quero passar para você é muito mais palpável e real. Direto e prático. E, para não sair da linha do que venho recomendando, simples.

A verdade é que às vezes me incomoda um pouco. Me incomoda como é fácil para muitas pessoas descobrirem motivos e razões de por que não vai dar certo para elas. São muitas. Algumas das mais comuns:

— Não tenho dinheiro.

— Não tenho tempo.

— Sou muito novo.

— Sou muito velho.

— Tenho filhos.

— Sou casado(a).

— Não tenho condições.

— Não sou formado.

— Já tenho um emprego.

— Não sei "nada".

Esta última chega a ser engraçada. Porque é contraditória, certo? Afinal, como pode alguém que sabe isso – ou seja, que sabe que "não sabe nada" – dizer que "não sabe nada"?

Ao menos uma coisa ela sabe – que ela não sabe nada. O que não faz sentido.

Todos estes foram alguns dos motivos que já ouvi de por que alguém não conseguiria. O que me entristece.

Você pode realmente estar começando um pouco mais atrás que os outros... mas nem de perto é motivo para dizer que para você nunca vai funcionar!

Eu entendo completamente o sentimento de insegurança. De sentir que talvez não tenha todo o conhecimento para começar algo novo.

Já ouvi muitas dessas justificativas de pessoas que desistiram muito antes de tentar.

É claro que cada um começa de uma condição e um cenário. Talvez o seu contexto faça com que você comece um pouco mais atrás de algumas pessoas. Mas garanto: nem de perto isso é motivo para dizer que não tem chances de fazer sua ideia funcionar.

O que você precisa é colocar em prática tudo o que aprendeu aqui junto com as suas prioridades, habilidades e oportunidades que já deve ter identificado em algum mercado. Fazendo isso irá pouco a pouco mudar a sua realidade atual para aquela que bem desejar.

A Única Coisa Que Poderá Impedir Você De Ter Toda Fortuna, Felicidade E Saúde Que Quiser

"Se você acredita que pode ou não fazer algo, você estará certo."
— Henry Ford

É nessas horas que a gente vê a importância dos modelos mentais de cada um. O seu *mindset,* como costumam falar, e o responsável por determinar sua maneira de ver o mundo e enxergar capacidades e limitações.

É o seu *mindset* que fará você aprender uma importante lição... em vez de um erro.

Um desafio como oportunidade para crescer... em vez de um problema ou obstáculo sem solução.

Uma possibilidade... em vez de restrições.

De novo: de nada adianta todas as informações do mundo se você e seu *mindset* não estiverem preparados para colocá-las em prática.

E não se engane:

Não ache, por um segundo, que esse *mindset* – assim como confiança e autoestima – é uma habilidade natural. Que as pessoas nascem com ela. Bem pelo contrário. Isso é como um músculo:

É algo que você desenvolve.

Hoje sou muito agradecido e feliz de ter o que tenho. De ter chegado até aqui e ter a chance de conversar com você por meio deste livro, de meus vídeos ou artigos. É realmente uma honra e um grande prazer.

No entanto, é engraçado que muitas pessoas quando me conhecem e para as quais explico o que faço fazem um comentário do tipo:

"Poxa... mas que sorte você tem!"

Sorte?

Não, meu amigo. Não tem nada de sorte aqui. O que temos são escolhas.

A escolha de largar tudo e acreditar em uma ideia "maluca"...

A escolha de ficar 6 meses sem contar para ninguém que havia "largado tudo" para viver de um NL, para que ninguém me criticasse...

A escolha de continuar acreditando mesmo com os diversos problemas pelos quais passei até me encontrar...

Tudo isso são escolhas.

Algumas certas, outras erradas. Com ambas aprendemos. Talvez até mais com as erradas.

Lembro bem das vezes que acordava cedo e ia direto para o computador. Tinha como fundo de tela geralmente algum cenário que me inspirasse. Uma praia. Uma prancha. Um avião.

E com isso todos os dias eu imaginava e tinha a certeza:

"Um dia isso vai ser real."

Era o que eu me falava. Mesmo muitas vezes sem saber exatamente *como* iria tornar tudo aquilo real. Porque pode ter certeza:

Houve mais de uma vez que pensei em desistir.

E isso é completamente normal!

Qualquer coisa que valha a pena nesta vida envolve uma boa dose de esforço e trabalho. A questão é:

Você está disposto a encarar?

APL: Ações Para a Liberdade

Uma das coisas mais difíceis de fazer é reconhecer quando nossos modelos mentais estão errados e nos prejudicam. Seja por meio de crenças limitantes ou de atitudes que tomamos com base nisso.

No livro *A lei do triunfo* (José Olympio, 2015), Napoleon Hill cita 16 hábitos que todas as pessoas que desejam o sucesso devem ter. Entre todos eles, o mais ignorado é justamente o hábito de "pensar com clareza".

Recomendo que você adote uma atitude saudável e passe a questionar tudo o que é dito ou colocado como verdade. Essas atitudes podem vir de estímulos externos – o nosso foco aqui – ou internos. E garanto para você:

As crenças limitantes mais difíceis de lidar são aquelas que nós mesmos criamos.

Por isso recomendo que fique bem atento às seguintes situações para remediar antes que seja tarde:

— Não assuma nada como uma verdade ou mentira absoluta. Mantenha uma posição de ceticismo saudável e sempre questione se não há uma alternativa.

- Cuidado com o que você assume como verdade ou fato. "Ninguém nunca vai comprar isso..." Será mesmo?

- Cuidado com palavras como: sempre, nunca, impossível e outras similares.

- Questione as verdades "populares". Como vimos, a maioria do que é popular está errado. Senão o normal seria todos serem esbeltos, ricos e saudáveis, quando a verdade é o contrário. Duvide de afirmações como "todo rico é ganancioso" ou "todo rico sonega impostos" e tantas outras que já ouvi por aí.

Um Método à Prova De Falhas Para Garantir O Sucesso Do Seu Futuro

"Uma jornada de mil quilômetros começa com um passo."
— Lao Tzu

Lembra a primeira história que contei aqui neste livro?

Aquela em que aprendia a fazer *free diving*, que é o mergulho sem auxílio de tanques? Só segurando a respiração.

Só que há outra importante história que me marcou. Queria compartilhá-la aqui com você antes de nos despedirmos. Talvez o ajude como me ajudou.

O que acontecia:

Quando você aprende a mergulhar em apneia – que por sinal é uma ótima habilidade e a qual evitou que alguns belos caldos e vacas virassem algo muito pior quando aprendia a surfar –, um dos principais ingredientes é controlar seus batimentos cardíacos.

Destes você tem controle sim. Até certo ponto.

Por exemplo, para diminuir seus batimentos, o segredo está em relaxar ao máximo o seu corpo. Seja por meditação, respiração ou tantas outras técnicas. Agora, por que você faz isso?

Porque uma menor quantidade de batimentos cardíacos significa que seu corpo consome menos oxigênio...

... que significa que você pode ficar mais tempo sem respirar...

... que significa que você pode ir mais fundo e mais longe ao mergulhar.

Até aí ok. Eu conseguia diminuir meus batimentos cardíacos até um ponto e isso me ajudava com meus resultados. Meu recorde na iniciação foi 19 metros de profundidade dos 20 metros que eles permitiam para iniciantes. Nada mau.

Mas tinha um problema:

No início, quando mergulhava, eu cometia um erro. Quando eu estava voltando do fundo para a superfície, eu tinha a mania de olhar para cima. Afinal é natural, certo?

Você quer saber quanto falta para chegar à superfície e respirar.

E aí vinha o problema:

Ao olhar para cima – já meio sem ar – não tem como não se assustar. *Sempre* vai parecer muito mais do que você está disposto a aguentar naquele momento. O que não é nada legal. E mais:

Isso deixa você nervoso...

... e ao ficar nervoso seus batimentos cardíacos aumentam...

... e com isso você consome mais oxigênio...

... e consegue ficar menos tempo sem respirar.

Por isso, quando eu olhava para cima para me localizar – o que eu acreditava que me ajudaria –, na verdade me prejudicava.

Felizmente meu instrutor notou isso.

Ele sempre mergulha junto. Porque, afinal: você está descendo a 20 metros de profundidade sem respirar. Não parece nada seguro, certo?

Ao notar isso, ele me deu a seguinte dica:

"Bruno, você fica olhando pra cima quando volta... Isso não é bom... Deixa você nervoso e faz você perder a concentração... Foque só na corda à sua frente e vai subindo!"

A "corda" que ele se referia é uma pequena corda guia que vem de uma boia na superfície. Nela há uma pedra amarrada que desce até a profundidade e assim marca até onde podemos ir.

Além disso, ela também serve para iniciantes, como eu, como guia para descer e subir reto. Porque ao descer é difícil – ao menos para mim – manter a coordenação e descer em uma vertical perfeita, que é o ideal.

Então, quando eu descia, olhava para essa corda.

E para subir também.

E era essa a corda que ele me disse para focar.

"Foque na corda."

Foque na corda que está na sua frente e no que você pode fazer agora – que era continuar subindo no meu ritmo, com calma.

Isso era muito mais tranquilo e me deixava focado no que tinha que fazer. Assim não ficava nervoso, não desperdiçava oxigênio por nada e, eventualmente, chegava à superfície tranquilamente.

E essa é a mesma dica que quero passar para você aqui:

Foque na corda.

Foque no que você pode fazer hoje, neste exato instante, para avançar um passo mais perto da sua liberdade.

Não olhe lá para cima na superfície. Ela está muito longe. Vai assustar. Vai parecer impossível. Talvez faça você ficar sem ar, assustado e você acabe desistindo. Não. Faça como meu instrutor recomendou e foque na corda.

É só isso que interessa.

Quanto exatamente você vai ganhar daqui 6 meses nem eu nem você podemos dizer ou controlar.

Mas o que a gente pode controlar são outras coisas:

— Podemos controlar quantas ideias você escreve no papel hoje para tentar.

— Podemos controlar quantos artigos você leu a respeito de determinado assunto.

— Podemos controlar quanto material você criou.

— Podemos controlar quantas páginas para seu NL você fez.

— Podemos controlar quantos produtos você cria e vende.

Tudo isso – a sua *corda* – está na sua frente. E sobre ela você tem controle total.

Por isso foque na corda.

Foque no que você tem para fazer *hoje* e deixe que o resto naturalmente siga você. Talvez aconteça mais rápido do que você imagina.

Desses 3 Caminhos, Somente Um Dará Resultados. Você Escolherá O Certo?

> "'Que estrada eu devo pegar?', perguntou Alice. 'Para onde você quer ir?', respondeu o gato. 'Não tenho certeza...' 'Então não faz diferença.'"
> — Lewis Caroll, *Alice no País das Maravilhas*

Você neste exato momento se encontra em uma encruzilhada. E é nessa encruzilhada que você precisa tomar uma decisão e escolher um dos 3 caminhos a seguir:

1. **No 1º caminho** você vai continuar vivendo como sempre viveu, mesmo sabendo que tudo pode ser muito melhor.

2. **No 2º caminho** você irá tentar dar os primeiros passos rumo às suas Férias Sem Fim.

3. **E no 3º caminho** você não irá escolher qualquer dos dois e irá adiar essa decisão.

Não se engane: o terceiro caminho – o de não escolher e não fazer nada a respeito – já é uma escolha em si. E uma das piores que você pode fazer. Por quê?

Afinal, as condições difíceis de vida que temos hoje podem não ser inteiramente sua culpa. Seja por culpa do país, do governo ou de quem for, agora você sabe e reconhece como você pode resolver isso, faz parte da sua **responsabilidade** fazer algo a respeito.

Foi para ajudar você com isso que eu escrevi este livro. Nele eu mostrei bastante coisa para você.

Mostrei quem são os Verdadeiros Ricos e como vivem...

O que é um Negócio Lifestyle e como pode financiar nosso estilo de vida...

Mostrei também que você não tem alternativa a não ser assumir a responsabilidade e trabalhar para mudar a sua realidade atual para aquilo que você deseja.

Agora é a hora de escolher qual dos caminhos você irá seguir. E garanto para você:

Não escolher já é uma decisão.

Não escolher significa ficar na primeira alternativa – continuar vivendo como sempre viveu. Mesmo sabendo onde isso vai dar.

Obviamente eu não recomendo. Senão nem teria escrito este livro.

Agora imagine o seguinte:

Imagine que você acorda às 8 horas de uma segunda-feira em sua casa.

Foi um fim de semana tranquilo. Aproveitou para descansar e fazer alguns esportes. Agora é hora de voltar à rotina. E ela é assustadoramente parecida com o seu Dia Médio Perfeito, que você escreveu 14 meses atrás.

Você abre seu laptop e verifica suas vendas... 7 vendas do seu e-book de R$ 97 e mais 2 vendas do seu curso em vídeo de R$197. Nada mau.

Você ganhou R$ 1.073 no fim de semana em que nem sequer abriu seu laptop.

Alguns amigos seus comentam até que você tem "sorte" porque consegue ganhar dinheiro "sem fazer nada" e até dormindo. Mas você sabe que isso não é verdade.

Sim, isso até pode acontecer algumas vezes.

Mas a verdade é que você trabalhou duro até chegar aí. Trabalho e esforço que agora estão sendo recompensados.

Felizmente você consegue manter seu negócio funcionando e gerando esses valores em vendas sem tanto esforço. Com umas 2 ou 3 horas por dia você consegue. O que é ótimo.

Isso porque lhe proporciona uma renda de R$ 10.065 por mês. Não é um valor para se aposentar, mas longe de estar ruim. E o melhor?

Um valor que você pode ganhar trabalhando de onde quiser. Por sinal, é justo o que você vai fazer.

Semana que vem você parte.

Destino: Havaí.

Tempo: 2 meses e meio.

Sempre foi um objetivo seu aprender a surfar lá. E agora está na hora.

Você está estabilizado e com seu negócio funcionando. Seu destino e futuro estão realmente em suas mãos. E você sabe disso.

Sabe que não é mais uma autoajuda barata tentando "pensar positivo" sem algo real por trás para sustentar. Não. Seu Negócio Lifestyle é real.

Você agora vive como um Verdadeiro Rico.

Você agora vive no modo Férias Sem Fim.

Você agora é livre e pode decidir exatamente como, quando e onde irá trabalhar.

E isso não tem preço.

Essa é a vida que pode ser sua daqui alguns meses. Quantos? Vai depender de você. Não quero prometer um número específico. Porque realmente varia muito. Mas lembre-se do que falamos antes:

A pergunta não é "quanto tempo para ser um milionário", mas sim "quanto tempo para ser livre".

Eu demorei 6 meses.

Não ganhava rios de dinheiro não. Nem perto disso. Mas já ganhava mais que meu emprego da época – que sinceramente era pouco – e por isso era livre. Dali em diante poderia me dedicar 100% a fazer crescer meus negócios. Só não sabia como.

Você agora tem a vantagem de ter este livro em mãos.

Por sinal, tenho um treinamento on-line gratuito com mais informações sobre o assunto do qual você pode participar.

Lá há mais detalhes em uma apresentação completa sobre como eu e tantos outros criaram seu Negócio Lifestyle. Também já comento sobre nossa comunidade, caso queira participar.

Para saber mais acesse agora:

https://www.feriassemfim.com/livro/treinamento.

Depois, tudo o que você precisa é acreditar que pode e colocar em prática.

E é como eu gosto de falar para os meus clientes:

Agora não é mais uma questão de "se" vai dar certo... agora é uma questão de **QUANDO**.

Porque vai dar certo. Contanto que você não desista, é só questão de tempo.

Espero encontrar você algum dia para uma bela cerveja gelada (ou sua bebida de preferência) em alguma ilha paradisíaca no meio do Pacífico.

Dica: só depende de você.

Um grande abraço!

Bruno Picinini

Este livro foi impresso pela Rettec
Gráfica em papel norbrite 66,6g.